歴史のなかに見る親鸞

改訂

平　雅行

法藏館文庫

本書は二〇一一年四月一〇日、法藏館より刊行された。

目次

改訂　歴史のなかに見る親鸞

第一章　誕生から延暦寺時代

鎌倉時代の仏教界

本章では、誕生から延暦寺時代の親鸞についてお話しします。でも、その話に入る前に、鎌倉時代の仏教界を概観しておきましょう。鎌倉時代の仏教界には、三つの潮流がありました。第一は顕密仏教、第二は穏健改革派、第三は急進改革派です。

第一の顕密仏教は中世仏教の中心勢力です。「顕密仏教」という用語は聞き慣れないかも知れませんが、南都六宗や天台・真言宗のいわゆる「旧仏教」を指します。延暦寺・園城寺・興福寺・東大寺・東寺などの寺院がこれに該当します。

顕密仏教の僧侶は、朝廷から僧であることを認定された人々で、二つの特権をもっていました。一つは官位です。中世の貴族や武士は朝廷から官位を授けられました。中納言や検非違使といった官、そして三位・四位といった位がそうです。それと同様に、顕密仏教の世界には「僧正《そうじょう》・僧都《そうず》・律師《りっし》」、「法印《ほういん》・法眼《ほうげん》・法橋《ほっきょう》・大法師《だいほっし》・法師」という独特の官位があり、その功績に応じて朝廷からこれらの官位に叙任されました。本来は前者の僧正・僧都などが官であり、法印・法眼以下が位なのですが、中世では実質的に前者も位に変質しています。昇進の仕方は多様で複雑なのですが、中世ではおおむね法師→大法師→法橋→律師→法眼→少僧都→大僧都→法印→権僧正→正僧正→大僧正と昇進しました。実家の家柄と顕密仏教界での官位昇進はほぼ連動していて、平民身分の者は大法師までですし、武士や下級貴族は法印どまりです。権僧正以上になると、公卿と同じ待遇をうけましたので上級貴族の扱いです。

顕密僧の第二の特権は、朝廷が主催する仏事で国家祈禱を行えたことです。国家祈禱は玉体安穏の祈りや、鎮護国家・五穀豊穣（平和と繁栄）の祈りです。もちろん、こうした祈りは誰でも行うことができます。しかし、朝廷の主催仏事に招聘（公請《くじょう》）されて祈ることができるのは、中世を通じて顕密仏教の僧侶だけです。朝廷は禅僧などにもこの枠を広げようとするのですが、顕密仏教の抵抗が強くて実現することができませんでした。

顕密仏教は古代までさかのぼるので、これまでは古代仏教とされてきました。しかし、歴史をひもとくと、十世紀に律令体制が崩壊して、これ以降、社会の仕組みが劇的に変化します。税制も租庸調から年貢・公事《くじ》制に変化するなど、中世的な仕組みが次第に形づくられて、十一世紀中葉の院政時代から中世社会が始まると考えられています。この新しい社会の仕組みが荘園制です。これが戦国時代まで続きます。

平安中期に律令体制が崩壊して、中世的な仕組みが徐々に形成されますので、古代寺院はその変化に必死に対応しようとしました。そして、対応しきれなかった膨大な寺院が十世紀に廃寺となっています。とはいえ、中世的なシステムにあわせて、うまく変身することのできた寺院もありました。その代表が延暦寺や興福寺です。彼らは貴族化・民衆化を積極的に進めることによって、中世化に成功しました。その点で顕密仏教は古代仏教ではなく、中世仏教と捉えるべきです。中世仏教に生まれ変わっていますので、「旧仏教」の語はその実態にあわないということで、最近ではあまり使われなくなっています。

第二の穏健改革派と第三の急進改革派の僧侶は、官位をもっていません。そのため彼らは聖《ひじり》・沙弥《しゃみ》・上人《しょうにん》・聖人と呼ばれました。これには最初から聖であった者と、顕密僧を辞めて聖となった僧がいます。こうした聖は平安中期から登場しますが、鎌倉時代に彼らが仏教改革に取り組むようになり、たいへん重要な役割を果たします。

改革派の僧侶が登場した原因は、戦争です（拙稿「鎌倉時代の仏教革新について」『興風』三二号、二〇二〇年）。治承・寿永の内乱（源平内乱）です。この当時、仏教に求められていた一番重要な役割は、鎮護国家、つまり平和の実現でした。ところが平安末の治承・寿永の内乱は、日本の歴史で初めての全国的内乱です。膨大な数の民衆がこの戦乱の犠牲となりました。顕密僧は鎮護国家を必死に祈りますが、何の効き目もありません。それどころか、東大寺大仏が焼け落ちた。これは仏教が戦争に負けたことを意味しています。鎮護国家の理念が歴史的現実によって無残に打ち砕かれました。「これまでの仏教のどこかが間違っていた。何を間違ったのか」、僧侶はもちろん、貴族や武士もこの厳しい問いを反芻しました。その反省のなかから仏教革新運動が登場してきます。そして、穏健改革派は僧侶の破戒に問題があると考え、急進改革派はこれまでの仏法そのものに問題があると考えました。

穏健派のキーワードは戒律興隆です。栄西は禅宗と戒律を、貞慶は法相宗と戒律を、明恵は華厳宗と戒律、俊芿《しゅんじょう》は真言・天台・禅と戒律、叡尊は真言と戒律を打ち出しました。顕密仏教の世界では肉食《にくじき》・妻帯・飲酒が常態化していて、まじめに戒律を守っていません。「破戒僧の祈りに神仏が応えようはずがない。むしろ罰があたる」。ということで、穏健派の僧侶は戒律を厳格に遵守することによって、仏教を再生させようとしました。朝廷や幕府は悪僧対策に苦慮していたこともあり、この穏健改革派を積極的に支援しました。鎌倉中期になると穏健派は禅律僧《ぜんりつそう》に継承され、その影響力はさらに増大することになります。

第三が急進改革派です。法然・親鸞や道元・日蓮らは、これまでの仏法そのものに問題があると考えました。栄西が「王法は仏法の主なり」と語り、貞慶が立宗には勅許が必要と力説したように、穏健派や顕密仏教は仏教よりも王権を上位に置きました。それに対し急進派は、仏法を純粋化した仏法至上主義がその共通点です。そして権力者も、仏教の教えに従わなければならない、と主張しました。仏法の上に王法があるのではなく、王法よりも仏教が至上の価値ということになります。

　こうした急進派に対して、朝廷は弾圧を加えました。官位をもたず、朝廷の公的行事にも参加できないという点は穏健派と共通していますが、弾圧されたところが異なっています。たとえば専修念仏の場合、朝廷は建永二年（一二〇七）に専修念仏を「天魔の教え」として禁じ、法然・親鸞らを流罪に処しました。そして法然の『選択《せんちゃく》《せんじゃく》本願念仏集』は朝廷の命で版木もろとも焼却され（一二二七年）、日本の歴史で最初の発禁書となっています。道元も寛元元年（一二四三）に朝廷でその仏法観が批判されます。そして、逮捕・追却される直前に越前の山中に逃れました。日蓮は文永八年（一二七一）に佐渡に流罪となりましたし、朝廷は徳治三年（一三〇八）に日蓮宗を、国家と仏法の敵と断じて京都から追却しています（『鎌倉遺文』二三二五九号）。このように朝廷は急進改革派の教えを仏法とは認めず、むしろ仏法の敵であるとして弾圧を加えました。

　以上、鎌倉時代の仏教界について概観しました。そこで次に、親鸞の実家が、どの程度の社会的地位にあったのか、この問題を重点的に取りあげながら、青年時代までの親鸞を追ってゆきましょう。

『親鸞伝絵』について

親鸞は著作を執筆・書写した時、その奥書に、執筆した年とその時の年齢を記しています。たとえば『唯信鈔文意』には、

康元二歳正月廿七日
愚禿親鸞〈八十五歳〉書写之

とあります。康元二年（一二五七）に八十五歳というのですから、親鸞は承安三年（一一七三）に誕生したことになります。

親鸞の青年期までは、平安末・鎌倉初期の動乱の時代に当たります。親鸞が誕生したのは、平清盛が権力基盤を確立しようとしていた時期です。親鸞七歳の治承三年（一一七九）十一月には清盛がクーデターをおこして、後白河院を幽閉しています。しかし平家独裁への反発も激しく、翌年には以仁王《もちひと》や源頼朝が挙兵しましたし、その混乱のなか、東大寺大仏が焼け落ちて社会に大きな衝撃を与えました。親鸞十一歳の寿永二年（一一八三）、平家は西海に没落し、代わって木曾義仲が入京しますが、翌年にはその木曾義仲も源義経に討たれました。さらに親鸞十三歳の寿永四年には平家が壇の浦で滅亡したばかりか、ま

もなく源義経も兄の頼朝追討に失敗して行方をくらましています。このように、平家の全盛と没落、木曾義仲や源義経の登場と没落など、歴史の激動期に親鸞は幼少年時代を過ごしました。

幼少年期の親鸞については、具体的なことが分かる史料がありません。比較的良質なのは『親鸞伝絵《でんね》』です。これは親鸞の曾孫である覚如（一二七〇～一三五一）が執筆したもので、『御伝鈔』とも呼ばれています。永仁三年（一二九五）の成立です。親鸞は弘長二年（一二六二）に亡くなっていますので、没後三〇年あまり経ってから、曾孫が書いた親鸞伝ということになります。時期的にも近いですので、信頼してよいように思うのですが、問題は覚如という人物が相当なやり手であることです。

本願寺は実質的に覚如によって、つくられました。本願寺は親鸞の遺影をまつった大谷廟から始まるのですが、これは親鸞の子孫が所有する土地に、門弟たちが廟堂を造営したものです。『伝絵』を執筆したころは、親鸞の直弟子が精力的に活動していた時期で、彼らが教団や廟堂管理の主導権を握っていました。覚如はこの主導権を奪取して、次第に本願寺中心主義を確立してゆきます。思想家としても、また政治的手腕の面でも、なかなかのやり手なわけです。アクの強い個性的な人物ですので、彼の執筆したものも慎重な取り扱いが必要です。第六章でお話ししますが、親鸞の思想が悪人正機説だという神話をつくりあげたのも覚如です。覚如が親鸞の教えを悪人正機説というかたちに修正して解釈した、これが親鸞＝悪人正機説という誤解が広まった根本要因です。

なかなか扱いのむずかしい人物であることが、お分かりいただけると思います。こうしたこともあって、一時は『親鸞伝絵』の史料的価値が全否定に近い扱いを受けた時期もありました。でも、それは極端すぎるということで、今ではある程度の信憑性を認めるようになっています。だからといって、全面的に信頼できるわけでもありません。

そこで、『伝絵』の記事を一緒に読みながら、その記事内容がどの程度信頼できるのか、確認したいと思います。『親鸞伝絵』は次のように記しています。

それ聖人の俗姓は藤原氏。天児屋根命《あまのこやねのみこと》二十一世の苗裔《びようえい》、大織冠《だいしよつかん》鎌子《かまこ》内大臣の玄孫、近衛大将右大臣従一位内麿《うちまろ》六代の後胤、弼《ひつ》宰相有国《ありくに》卿五代の孫、皇太后宮大進《だいしん》有範《ありのり》の子なり。しかあれば朝廷に仕へて霜雪《そうせつ》をも戴き、射山《やさん》に趍《わしり》て栄花をも発《ひらく》べかりし人なれども、興法の因うちにきざし、利生の縁ほかに催ししによりて、九歳の春比《ころ》、阿伯《あはく》従《じゆ》三位範綱《のりつな》卿〈時に従四位下、前若狭守、後白河上皇近臣なり、上人養父〉、前大僧正〈慈円、慈鎮和尚是なり、法性寺殿《ほつしようじどの》御息、月輪殿《つきのわどの》長兄〉の貴坊へ相具《あいぐ》したてまつりて、鬢髪《びんぱつ》を剃除《ていじよ》し給き。範宴《はんえん》少納言公と号す。自爾以来《それよりこのかた》、しばしば南岳《なんがく》天台の玄風を訪《とぶらい》て、ひろく三観仏乗の理を達し、とこしなへに楞《りょうごんよ》厳横川《かわ》の余流を湛《たたえ》て、ふかく四教円融の義に明《あきらか》なり。

【語釈】**天児屋根命**…藤原氏の祖先神。**大織冠**…六四七年に制定された冠位十三階の最高位。**鎌子**…藤原鎌足（六一四～六六九）。**玄孫**…孫の孫。やしゃご。**内麿**…藤原内麻呂（七五六～八一二）。藤原北家繁栄の基礎を築く。**有国**…藤原有国（九四三～一〇一一）。日野家の祖、藤原道長の側近として活躍した。**霜雪をも戴き**…白髪になるまで長らく朝廷に仕える。**射山**…上皇の御所。**法性寺殿**…藤原忠通（一〇九七～一一六四）。**月輪殿**…九条兼実（一一四九～一二〇七）。九条家の祖、法然の保護者、ただし慈円は兼実の弟であり、「長兄」との記載は誤り。**南岳**…南岳大師恵思《えし》（五一五～五七七）。中国天台第二祖で、智顗《ちぎ》の師に当たる。

勿体ぶった文章ですが、別にむずかしいことを言っているわけではありません。意味をとると次のようになります。「親鸞聖人は藤原氏の出身だ。藤原氏の祖先神である天児屋根命の子孫に藤原鎌足がいるが、その鎌足の四代目の子孫に藤原内麻呂がいる。その内麻呂から六代目の子孫に藤原有国がおり、有国の五代目の子孫に藤原有範がいる。親鸞聖人はその藤原有範の子である。そのため、朝廷や院に長く仕えて栄達すべき人物であったが、仏法への志があったため、九歳の春に伯父の藤原範綱が聖人を慈円の坊に引率していった。

そこで聖人は得度し範宴少納言公と名のった。それから後、聖人は比叡山延暦寺の横川で天台宗の教えを広く深く学んだ」。

ポイントとなるのは、次の三つです。

(1)親鸞は藤原有国の子孫である藤原有範の子であり、朝廷や院に出仕して出世栄達すべき人物であった。

(2)九歳の春に伯父範綱が親鸞を慈円の坊に引率し、そこで得度して範宴少納言公と名のった。

(3)比叡山の横川で天台宗を学んだ。

あらかじめ結論をいいますと、(1)は相当な誇張がありますし、(2)も少し怪しい。そこで、これらの点について検証してみましょう。

藤原氏の傍流の傍流

『親鸞伝絵』によれば、親鸞は藤原有範の息子であり、朝廷で立身出世できる家柄だった、と述べています。父親が有範であったのは本当です。お母さんは残念ながら不明です。範綱《のりつな》・宗業《むねなり》という二人の伯父さんがいたこと、また少なくとも尋有《じんう》などの弟がいたことも確かです。

ではたして、親鸞の実家は朝廷で立身出世できるような名門だったのでしょうか。そこでまず、親鸞が属した日野氏について述べ、ついで二人の伯父さんの経歴をたどることによって、親鸞一族の社会的地位を確認してみましょう。

図1の系図を見てください。藤原氏の嫡流は右端の道長の系統です。系図の左端のほうに親鸞の名が見えます。親鸞一族は藤原氏の傍流である日野氏に属していて、その日野氏のなかでも、さらに傍流であることが分かります。つまり藤原氏の傍流のなかでも、さらに傍流に属した下級貴族です。もう少し詳しく見ましょう。

右端の藤原鎌足の系統を見てください。四代目の内麻呂の子に冬嗣と真夏《まなつ》がいます。この冬嗣の系統が摂関家の嫡流です。藤原道長などの権力者を輩出して、明治維新まで朝廷で大きな力を振るいました。一方、真夏の子孫は日野氏になります。道長の側近として活躍した①日野有国が、日野氏の実質的な祖です。日野氏という名は、山城国宇治郡日野の地にある法界寺が、一門の氏寺となったことにちなんでいます。

日野氏は儒学を家職とし、文章《もんじょう》博士・式部《しきぶ》大輔《たいふ》を世襲したことで有名ですが、その基盤をつくったのは①有国の二人の子、②広業《ひろなり》と④資業《すけなり》です。彼らはいずれも文章博士・式部大輔に就いていて、儒家としての基盤を確立します。これ以後、広業流と資業流のそれぞれの子孫は独自の家説をつくりあげ、儒者の世界で大きな力をもちました。

図1　親鸞一族の略系図

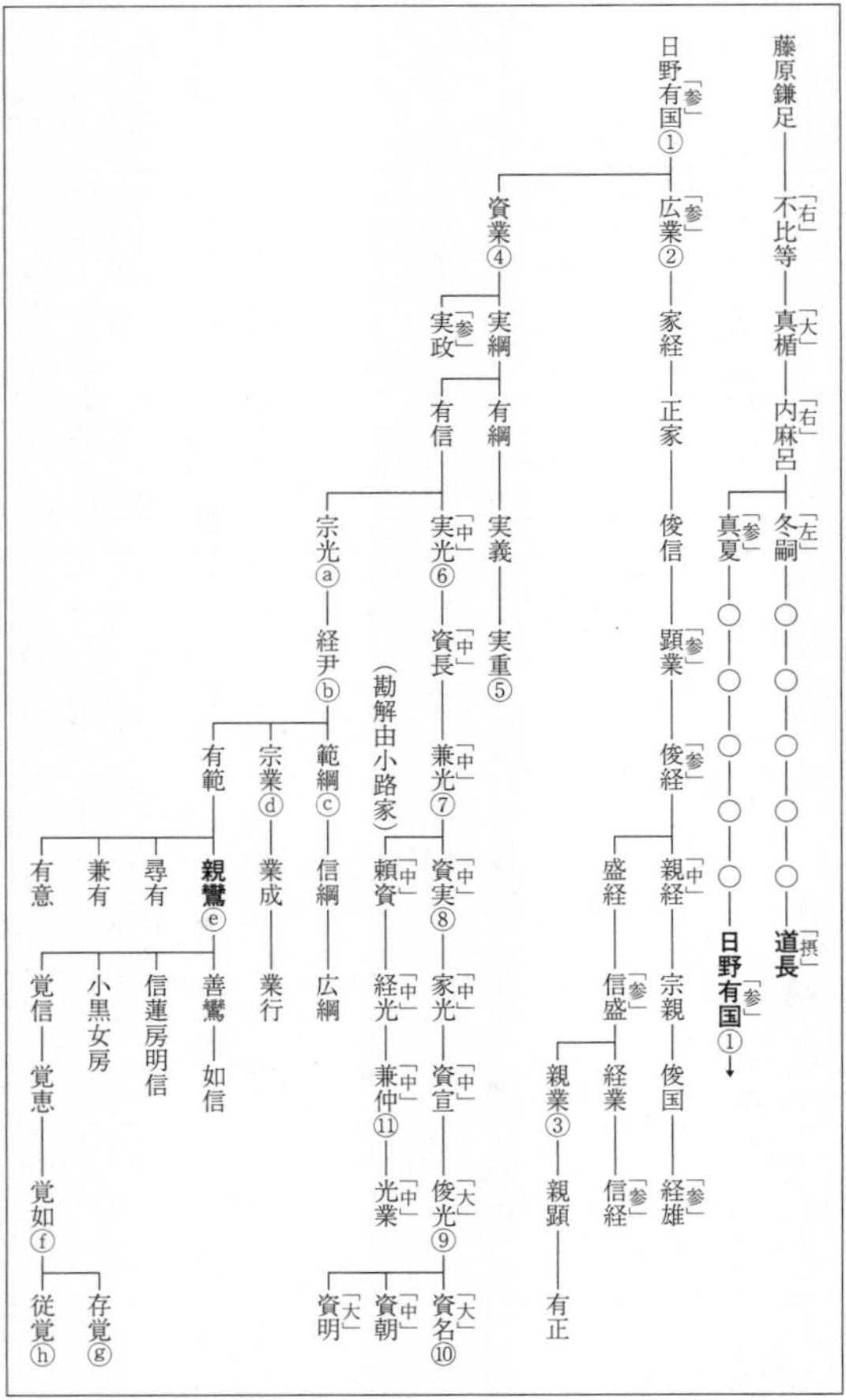

＊『尊卑分脈』『日野氏系図』などを元に作成。参議以上の地位にのぼった者は、その官職を注記した。なお「摂」は「摂政」、「左」「右」は左右大臣、「大」「中」は大納言・中納言、「参」は参議を示す。

日野氏といっても非常に幅広いのですが、嫡流はどこでしょうか。その参考になるのが、彼らの官職です。参議以上の者には、**図1**の系図に注記を入れておきました。それを見ますと、②広業の子孫はさほど出世していない。むしろ④資業の系統、特に⑥中納言実光《さねみつ》の子孫は代々中納言や大納言を輩出しています。彼らは実務能力が高かったので、院政時代から鎌倉・室町時代に至るまで大いに活躍しました。⑩資名《すけな》から六代目の子孫に日野富子がいます。この④資業流、特に⑥実光の系統が日野氏の嫡流と言えるでしょう。

親鸞の直接の先祖は、⑥実光の弟のⓐ宗光《むねみつ》です。兄の⑥実光が従二位・権中納言まで昇ったのに対し、弟の宗光は従四位どまりですので、同じ貴族とはいっても大きな格差がありました。そのため、親鸞一族は嫡流をはじめとする日野一門から、さまざまな庇護を受けています。

たとえば親鸞の伯父のⓓ宗業が朝廷で出世するに当たっては、⑦兼光《かねみつ》や⑧資実《すけざね》親子がいろいろ奔走しています。ⓓ宗業は放埒の父（ⓑ経尹《つねまさ》）をもって苦労していたので、⑤実重《しげざね》が宗業を養子に迎えました。親鸞の曾孫のⓕ覚如は⑪勘解由小路《かでのこうじ》兼仲の猶子になっていますし、覚如の子のⓖ存覚は、③日野親業《ちかなり》・親顕《ちかあき》親子の養子となりました。また、ⓖ存覚・ⓗ従覚とも⑨日野俊光の養子にもなっています。親鸞一族が日野一門の庇護のもとにあったことが、よく分かります。

こうした親鸞一族の社会的地位を、よく示しているのが二人の伯父さんの動向です。親鸞の父親である有範については、ほとんど史料が残っていません。祖父の経尹についても同様でして、この二人の行実についてはよく分かりません。それに比べると、伯父さんの範綱と宗業には豊富な史料が残っています。すでに畑龍英『親鸞を育てた一族——放埒の系譜』(教育新潮社、一九八三年)が精力的に史料検索をしていますので、それを参考にしながら、二人の伯父さんの経歴をたどってみましょう。**表1 親鸞一族の略年譜**を添付しましたので、適宜、参照してください。

表1 親鸞一族の略年譜

元号 (西暦) 月	事蹟と主な出典 ……無印は一般史と範綱、△宗業、◆親鸞、▽尋有
仁安1(一一六六)10	臨時除目で藤原章綱を縫殿助に補任。『兵範記』
承安3(一一七三)05	△文章生宗業への方略宣旨を召し返し、奉行日野兼光を勘発。『玉葉』
安元3(一一七七)06	鹿ヶ谷事件。式部大夫章綱が再逮捕され明石流罪、百日で赦免。『玉葉』『顕広王記』
治承3(一一七九)11	平清盛が後白河院政を停止、近臣39名が解官。藤原章綱の名はなし。
治承4(一一八〇)05	△以仁王が敗死。以仁王の首実検に「御学問ノ御師」の宗業を召す。『愚管抄』
08	源頼朝が挙兵。10月、富士川の合戦。12月、平重衡が東大寺・興福寺を焼亡。

治承5(一一八一)01	高倉院が死没、後白河院政の再開。閏2月平清盛が死没、後白河院政が本格的に始動。
春	◆親鸞が出家、9歳。付き添いは伯父範綱(従四位下、前若狭守、上人養父)。『伝絵』
養和1(一一八一)11	△宗業を給料学生に決定。宗業は才学・文章に卓越するが、不当な人事だ。『玉葉』
寿永2(一一八三)01	△給料学生宗業を文章得業生に補す、42歳。『公卿補任』
07	平家が西海に没落、木曾義仲が入京。10月、朝廷と源頼朝が講和。
11	木曾義仲が法住寺殿を攻撃。院近臣43名解官、なかに「兵庫頭藤章綱」。『吉記』
寿永3(一一八四)04	藤原範綱を兵庫頭に還任。『吉記』 ↑1月、木曾義仲が敗死、源義経の入京。
元暦2(一一八五)01	△宗業が方略試を受験、右衛門少尉に補任(前文章得業生・能登掾)『公卿補任』
文治1(一一八五)08	東大寺大仏開眼供養で後白河法皇が開眼、兵庫頭範綱が参仕。『山槐記』
12	源頼朝の要求で義経同意の近臣12名を解官、なかに「兵庫頭章綱」。『吉記』『玉葉』
文治4(一一八八)01	除目で藤原範綱を兵庫頭に還任、また正五位下に叙す。『山槐記』
建久2(一一九一)02	藤原範綱が鎌倉幕府の大江広元と頻繁に交渉。『和歌真字序集紙背』
建久3(一一九二)01	△藤原宗業を大内記に補す。『公卿補任』
03	後白河院が死没。若狭守範綱が出家、入棺役人を勤仕。『玉葉』『明月記』『吾妻鏡』
建久4(一一九三)01	△宣命に失。宗業は苦学の聞こえあるも、家は重代でなく身は庭訓を隔つ。『玉葉』
建仁1(一二〇一)02	△建仁に改元。文章博士藤原宗業の案を採用。『猪熊関白記』
00	◆親鸞が六角堂に参籠、夢告により法然の弟子に、29歳。「恵信尼消息」

元久1(一二〇四)11	◆法然が七箇条制誡を定め延暦寺に提出。親鸞(綽空)もそれに署名。
元久2(一二〇五)04	◆親鸞が『選択本願念仏集』を書写、法然真影図画、33歳。『教行信証』後序
建永2(一二〇七)01	△策労により藤原宗業を従四位上に、また越後権介に補任。『公卿補任』『明月記』
02	◆専修念仏の弾圧。安楽ら4名死刑、法然・親鸞らが流罪、35歳。
07	△藤原宗業が宣陽門院の昇殿を許される。9月、院の昇殿が認可。『公卿補任』
承元5(一二一一)00	◆親鸞が弾圧の不当を訴える奏状を提出。3月、恵信尼との間に明信が誕生、39歳。
建暦1(一二一一)11	◆法然・親鸞らの流罪を赦免。翌年1月に法然が死没。
建暦2(一二一二)12	△藤原宗業が昇殿、藤原定家はこの人事を痛罵。『明月記』
建保1(一二一三)12	△建保と改元。式部大輔宗業の案を採用。『猪熊関白記』
建保2(一二一四)00	◆親鸞が上野国佐貫で三部経千部読誦を発願。中止して常陸へ、42歳。「恵信尼消息」
承久1(一二一九)09	△非参議従三位式部大輔藤原宗業が出家。『尊卑分脈』
元仁1(一二二四)00	◆親鸞が『教行信証』化身土巻の執筆、娘の覚信が誕生、52歳。
嘉禄3(一二二七)07	嘉禄の法難。幸西・隆寛・空阿弥陀仏が流罪、『選択集』の焼却。
寛喜1(一二二九)12	▽良快座主(青蓮院)が寺家灌頂。讃衆に尋有阿闍梨。『門葉記』
寛喜3(一二三一)04	◆親鸞が病臥、内省を恵信尼に語る、58歳。「恵信尼消息」
文暦1(一二三四)00	◆このころ親鸞が帰洛。明信・小黒女房らは越後に住む。やがて恵信尼も京都へ。
宝治2(一二四八)00	▽祇園社一切経会。尋有律師が導師を参勤。『八坂神社記録』

建長3（一二五一）⑨	◆常陸門徒の間で有念無念の論争。親鸞が書状で誡めるが以後、東国教団が動揺。
建長8（一二五六）05	◆親鸞が善鸞を義絶、84歳。
正嘉2（一二五八）12	◆親鸞の自然法爾消息。▽善法房僧都（尋有）の坊で親鸞からの聞書、86歳。
文応1（一二六〇）09	▽青蓮院門跡の大成就院で恒例結縁灌頂。讃衆に尋有僧都。『門葉記』
弘長2（一二六二）11	◆親鸞が没、90歳。弟の尋有僧都の善法院で。

＊月欄の00は月不明、⑨は閏九月を示す。

伯父宗業の苦学

それでは、日野宗業から見てゆきましょう。彼は、寿永二年（一一八三）に四十二歳であったことが分かっていますので（『公卿補任』）、康治元年（一一四二）に生まれたことになります。没年は不明ですが、承久元年（一二一九）に七十八歳で出家して官歴を終えました。承久の乱（一二二一年）には関与していませんが、乱後は後鳥羽院から与えられた荘園が没官《もつかん》されたため、晩年は不遇だったとのことです（『最須敬重《さいしゆきようじゆう》絵詞』）。

宗業についての史料はたいへん多く、ざっと数えても九〇項目以上の事蹟が判明します。彼は日野家の伝統を継いだ儒学者でして、大内記《だいないき》や文章博士・式部大輔という役職に就いて、宣命《せんみよう》・詔勅《しようちよく》といった朝廷文書の起草に当たりました。また改元にも関わっています。

今でも改元の時には、漢学者が新しい元号案を出し、それをもとに選考していますが、こうした元号を提案するのも彼の仕事でした。彼の考えた元号の中で、採用されたものが二つあります。建仁《けんにん》（一二〇一～〇四）と建保《けんぽう》（一二一三～一九）です。京都東山に栄西が建てた建仁寺という禅宗寺院があります。このお寺は建仁という年号にちなんで名づけられたものですが、この建仁を提案したのが親鸞の伯父さんなのです。

この宗業は学問が抜群にできました。九条兼実の日記に、「宗業は才学・文章を相兼ね、名誉は天下に被る《こうむ》」「名誉の聞こえあり」「宗業は才漢をもって立身す、当時名誉の士たり」とあって、彼が儒学者・漢学者として非常に優秀であったことが分かります（『玉《ぎょく》葉《よう》』養和元年十一月十二日条、九月十八日条、文治三年二月二十七日条）。宗業の祖父に当たる日野宗光も「勤学の由、その聞こえ高き者なり」と言われていて、儒学者として高名な人物です（『中右記』承徳二年二月三日条）。そういう意味では、宗業は儒学者としての家の名声を立派に継承したと言えるでしょう。そして宗業は建暦二年（一二一二）に殿上人《てんじょうびと》となり、建保五年（一二一七）には従三位となって公卿《くぎょう》の地位に昇ります。上級貴族の仲間入りをしたのです。祖父宗光の最終官位は従四位上でしたから、宗業は祖父の位階を超えました。特に四位と三位との間は天と地ほどの違いがありますので、その壁を乗り越えたのは立派なものです。

このように、宗業はみごとに出世を果たしました。でも、順調に昇進できたわけではありません。むしろ、たいへん苦労をした。「宗業は苦学の聞こえあり」とあるように、相当苦労しています（『玉葉』建久四年正月四日条）。なぜ彼が「苦学」をしたのかというと、まず第一に彼は儒家出身とは認められませんでした。「身は重代にあらず」「家は重代にあらず、身は庭訓《ていきん》を隔つ（歴代の儒家出身ではないので、家庭での儒学教育が不十分だ）」と言われ、儒学者の家の出身とは認められなかったのです（『玉葉』養和元年九月十八日条、建久四年正月四日条）。

儒家出身と認定されないと、何が困るのか。ここで少し平安時代の官吏登用試験について、説明しておきます。中国では高級官僚の登用試験として、科挙があったのはよく知られていますが、日本でも類似の制度がありました。それが方略試《ほうりやくし》です。ただし日本の場合は、この方略試の受験資格を得るのが大変でした。時期によって少しシステムが変化しますが、儒学を学ぶ若者は擬《ぎ》文章生《もんじょうしょう》→文章生→給料学生《きゅうりょうがくしょう》→文章得業生《とくぎょうしょう》と進み、この文章得業生になると方略試を受験することができます。飛び級の制度もあって、朝廷から方略宣旨を受けると文章生のままでも受験できました。平安末・鎌倉初期には方略試の試験そのものは形骸化していましたので、むしろ受験資格を手に入れることのほうが大変でした。給料学生や文章得業生に進めるのはごく少数でしたし、方略宣旨を受けるのも非常に稀です。

そして厄介なことに、給料学生や文章得業生の選抜、あるいは飛び級で方略宣旨を受けるには、儒学者たちの推薦が必要でした。貴族社会では平安中期から家の職能が固定化するようになり、家業でない者の参入はむずかしくなってきます。儒者の世界では、この推薦制度が新参者の参入を阻む機能を果たしました。能力が高くても、排除されたのです。

さて、宗業は優秀でしたので承安三年（一一七三）文章生の身でありながら、三十二歳で方略宣旨を受けました。方略試の受験資格を手に入れたのです。しかし儒家出身でないということで儒学者たちが反対し、結局、宣旨は撤回されます。なぜでしょうか。日野氏は多くの儒学者を輩出した儒学の家ですし、宗業の祖父である宗光も儒学者として高名でした。ところが、父親の経尹《つねまさ》が「放埒《ほうらつ》の人」であったため*（『尊卑分脈』）、儒家の伝統が途切れてしまったのです。そこで宗業は、一門の日野兼光の助言もあって、自分を宗光の子と強弁し、譜代の儒家だと主張します（『玉葉』承安三年五月十四日条）。しかし宗業は、祖父宗光（一〇七〇〜一一四三）が七十四歳で亡くなる前年の誕生ですので、宗光から直接薫陶を受けたわけでもありません。その主張には無理があり、むしろ嘘をついたと非難されました。

＊『中右記部類』紙背漢詩集に「学生経尹」と見えるので、経尹が文章生であったことが分か

る（『大日本史料』三―一三―三五一頁）。なお、元暦元年（一一八四）七月に行われた後鳥羽天皇の即位式では典儀役の日野範綱が重服のため欠席している（『定長卿記』）。重服は一般に父母の喪をいうので、宗業・範綱・有範兄弟の父である経尹か、または母親の源宗清女がこの時に亡くなったことになる。

宗業はその後も給料学生や方略宣旨の候補に挙がりましたが、儒者の反対で落ちています。結局、日野実重の養子となって元暦二年（一一八五）にようやく方略試を受験することができました。宣旨を召し返されてから、一二年かかっています。その間、宗業は、以《もち》仁《ひと》王や土御門通具《みちのり》といった王族・貴族の家庭教師をして食いつないでいました。

宗業が苦労した第二の理由は、家柄の低さです。摂関家の九条兼実は宗業のことを「凡卑の者なり」と言っていますし、孫の九条道家は「宗業はその身はなはだ下品《げぼん》のものなり」と評しています（『玉葉』養和元年十一月十二日条、『玉蘂《ぎょくずい》』建暦二年八月三日条）。「下品」は「げひん」ではなく、「げぼん」と読みます。身分が卑しいという意味です。貴族とはいっても、摂関家からは「凡卑」「はなはだ下品」とバカにされる存在でした。何といっても、藤原氏の傍流である日野氏の出身ですし、日野氏のなかでもさらに傍流に属する下級貴族でした。

特に印象的なのは、九条兼実の息子良経《よしつね》が開いた作文会《さくもんえ》です。日野兼光をはじめとする公卿・殿上人を招いた漢詩の会でして、宗業はここに講師として招かれました。そこで宗業は、皆と同じ殿上の列に同座させてほしいと願い出ますが、儒学者は侍扱いだということで許可されていません（『玉葉』建久五年七月七日条）。指南役として呼ばれているのに、同座が許されず、控えの間に座っています。日本中世における儒学者の地位の低さ、そして宗業一族に対する評価の低さがよく分かります。

建暦二年（一二一二）、宗業は後鳥羽院に抜擢されて殿上人になります。七十一歳の高齢です。この話を聞いた藤原定家は「耳目《じもく》を驚かす」人事だと日記に記し、「雲上《うんじょう》はなはだ狼藉か（これで殿上人の秩序が大いに乱れるだろう）」と反発しています（『明月記』建暦二年十二月二十六日条）。また、内大臣であった九条道家は後鳥羽院から事前にこの人事の相談を受けて、反対だと進言しています。「身分が卑しく家司《けいし》をしているような者を殿上人に取り立てるのは、とんでもない。その才能を讃えて式部大輔・正四位下にまで抜擢されたのだから、それで十分なはずだ」と日記に記しています。家司クラスが殿上人になるというのは、いわば使用人が主人と肩を並べることですので、上級貴族の感情を刺激したのでしょう。ただし道家は「宗業が不憫だったのであまり強く反対しなかったが、こういう態度は不忠であるので、今後は反対意見をはっきり進言しよう」と日記で反省しています（『玉薬』前掲条）。当時、道家は二十歳です。いかにも若者らしい初々しい反省ですが、それにしても宗業の苦労が思いやられます。

このように、日野宗業はその身分出自の低さを、儒学者としての才能と必死の努力で何とか乗り越えていったのです。

伯父範綱の忠誠

次に、もう一人の伯父である日野範綱に話を移しましょう。彼は親鸞の養父ともいわれる人物でして、今のところ四〇項目ほどの事蹟が確認できます。この範綱は上北面《じょうほくめん》として、生涯、後白河院に仕えました。北面というのは院の御所の北側をいい、武士たちが護衛のために詰めていたところです。彼らを北面の武士と呼びますが、後白河院の時代になると、さらに幅広く側近を集めるようになり、北面は下北面《げほくめん》（武士）と上北面（下級貴族）に分化してゆきます。親鸞の伯父の範綱は、後白河院の上北面の代表的存在でした。京都の四条富小路のあたりに住んでいます。親鸞の弟の尋有は三条富小路に善法房をもっていましたので、比較的近接していますね。

とはいえ、具体的な話に入る前に、まず、親鸞の伯父範綱という人物を確定しておきましょう。『親鸞伝絵』は範綱を「後白河上皇近臣」と述べており、『尊卑分脈』は範綱のもとの名を章綱と記しています。一方、文治元年（一一八五）十二月に、後白河院の「北面輩」藤原範綱が解任されました。この人物を同時代の日記『吉記《きつき》』『玉葉』は「兵庫頭《ひょうごのかみ》藤章綱」「兵庫頭章綱」と記し、『吾妻鏡《あずまかがみ》』は記載日によって「兵庫頭章綱」「兵庫頭藤範綱」と表記が変化し、『参考源平盛衰記』巻四六は「兵庫頭範綱〈藤経尹子〉」と書いています。ここから、①兵庫頭藤原章綱・範綱が同一人物であり、しかも、②その人物が藤原経尹の子であり、かつ③後白河近臣の北面であったことが分かります。この時期、「範綱」の同名異人は少なくありませんが、これらの記事から、この人物が親鸞の伯父範綱であると確定できます。ここが確定できたなら、これを起点に日野範綱の事跡を見定めることが可能です。

もう一つ確認しておきましょう。安元三年(一一七七)六月に解官《げかん》された人物を、『玉葉』『顕広王記《あきひろおうき》』は「式部大夫章綱〈院近臣〉」「式部大夫範綱」と記しています。『延慶本平家物語』第一末二六は、この人物を「式部大夫章綱」と書いて「章」に「まさ」とルビを振り、新日本古典文学大系『平家物語』(岩波書店)では「式部大輔正綱」と記載しています。ここから、①この人物が章綱・範綱の二つの名を併用しており、②「章綱」を「まさつな」と読んだため、「正綱」の誤記が派生したことが分かります。ただし、佐々木紀一「藤原章綱略伝」(『山形県立米沢女子短期大学附属生活文化研究所報告』四六、二〇一九年)によれば、「章」はむしろ「のり」と読むのが一般的だったとのことです。つまり、章綱・範綱はいずれも「のりつな」と読み、章綱を「まさつな」と読むことも可能だったので、「正綱」の誤記が派生した、と考えられます。章綱・範綱の表記が入り乱れるのは、読みが同じ「のりつな」だったことが一因です。

　以上を踏まえて、日野範綱の事跡を追ってみましょう（以下の叙述では範綱で統一）。範綱の初見は仁安元年（一一六六）十月です。この時の臨時除目《じもく》で縫殿助《ぬいどののすけ》に任命されました。やがて後白河院に仕えるようになりますが、安元三年（一一七七）六月、鹿ヶ谷事件で流罪に処されます。この事件は『平家物語』で有名ですね。平家を懲らしめようと、院の近臣が京都東山の鹿ヶ谷山荘で平家打倒の陰謀をくわだて、それが露見した事件です。ただし、近年の中世史では『平家物語』の批判的検討をすすめていて、鹿ヶ谷事件についてもその虚構性が明らかにされています（川合康編『平家物語を読む』吉川弘文館、二〇〇九年）。事件の真相は次のようです。

　後白河近臣の加賀国司藤原師高《もろたか》（西光《さいこう》の息）が、所領をめぐるトラブルで白山中宮の末寺を焼き払いました。この乱暴な行為に抗議して、延暦寺が国司の処罰を求めると、後白河は天台座主明雲《みょううん》を解任・流罪に処すという強硬策をとります。それに対し山門大衆《だいしゅ》は、流罪地に護送される明雲を奪還して延暦寺に立て籠もりました。こうして双方とも、引くに引けない状況になります。そこで後白河法皇らは、平家に延暦寺を武力攻撃させることで、平家と延暦寺、両者の力を一挙に削ごうとしました。平家が延暦寺を攻撃すれば、その激しい戦いで両者ともに力が弱まりますし、平家への非難も噴出する、だから一石二鳥と考えたのです。

後白河は福原から清盛を呼び寄せて、延暦寺攻撃を命じました。延暦寺への武力攻撃など前代未聞のことです。言いなりになれば、ワナにはまることは必定です。追い詰められた清盛は、この計画の首謀者を逮捕することで局面の転換をはかりました。座主明雲を讒《ざん》言《げん》したという名目で西光・俊寛《しゅんかん》らを捕らえ、拷問にかけて処刑・流罪にし、その騒動で山門攻撃をうやむやにしたのです。近年は事件をこのように理解しています。清盛の権力欲の表れというよりは、窮鼠、猫を嚙むといった事案のようです。そのため最近は「鹿ヶ谷事件」の語に代えて、「安元三年の政変」と呼ぶ研究者が増えています。

事件の理解は大きく変わりましたが、範綱がこの事件で処罰されたことは事実として変わりありません。範綱は捕らえられて一度は釈放されますが、再び逮捕され拷問をうけて播磨の明石に流罪になります。でも、百日で赦免されました。平家を陥れようとした近臣の一人として処罰されましたが、謀議の中心ではないとのことで赦免されたのでしょう。いずれにせよ、この事件は範綱が後白河院の側近の一人として頭角をあらわしていたことを示しています。

それから二年後の治承三年（一一七九）十一月、摂関家領をめぐるトラブルが発端となって平清盛がクーデターを起こしました。そして後白河院政を停止し、院の近臣三九名を解任しています。ところが、この時の解官《げかん》名簿に範綱の名が見えません。鹿ヶ谷事件での流罪が赦されたとはいえ、まだ朝廷への出仕が認められていなかったようです。治承五年正月、高倉院が亡くなると、後白河院政が再開され、平家と後白河との共同統治が始まります。これから間もなく範綱が復帰したと思われます。

寿永二年（一一八三）になると平家が都落ちをして西海に逃れ、代わりに木曾義仲が入京します。しかし義仲の軍勢は有力武士団の混成であったため統制がとれず、略奪が横行して京都は大混乱になりました。そこで後白河は、源頼朝と手を結んで義仲の追い落としを図り、源義経が派遣されます。それを知った義仲は激怒しました。同年十一月、木曾義仲は後白河の御所を襲撃し、後白河を捕縛してその近臣四三名を解任しました。この時に解官された一人が「兵庫頭藤章綱」です。しかし木曾義仲はその二カ月後に源義経に滅ぼされ、親鸞の伯父も兵庫頭に復帰します。

源義経は元暦二年（一一八五）三月に壇の浦で平家を滅ぼします。そうなると、後白河院は義経をかわいがって、頼朝を牽制しようとしました。義経は後白河の手玉にとられた挙げ句、一人暴走することになります。同年十月、源頼朝追討の兵を挙げますが、あえなく失敗して義経は行方をくらませました。それに対し頼朝は、後白河院の政治責任を厳しく追及して、義経に加担した側近一二名の追放を要求します。こうして解任された一人が「兵庫頭章綱」でした。

それから三年後の文治四年（一一八八）正月に範綱は朝廷に復帰し、間もなく若狭守に任命されます。しかし、建久三年（一一九二）に後白河が亡くなると、院に殉じて出家しました。出家の噂が立った者はたくさんいましたが、実際に出家したのは三人だけです。そして範綱は後白河の葬儀を中心となって遂行しました。

このように親鸞の伯父である範綱は、平清盛・木曾義仲・源頼朝から追放を迫られた人物です。後白河法皇は平安末・鎌倉初期という激動の時代に、清盛や義仲・頼朝らと渡りあいましたが、範綱は身を楯にして後白河のために働きました。側近中の側近といってよいでしょう。何度失脚しても、しぶとく復活してきた範綱でしたが、最後は後白河院に殉じて出家して世俗活動にピリオドを打ちました。彼の生涯が後白河とともにあったことを、よく示しています。

伯父範綱と大江広元

こうした範綱の活動を具体的に示す史料群が近年紹介されました。『和歌真字《まな》序集』の紙背文書《しはいもんじょ》です。『和歌真字序集』というのは和歌集の漢文序文二九点を集めたものです。この紙背に、鎌倉幕府の重鎮大江広元《ひろもと》に宛てた書簡二三点が残されていて、そのうち一六点は、「範綱」なる人物が建久二年（一一九一）に広元に宛てた手紙です。つまり、「範綱」などから送られた手紙の紙背（裏）を再利用して、『和歌真字序集』を書写したことになります。紙が貴重でしたので、紙の裏（紙背）を再利用することは珍しくありません。

この史料群は、藤原重雄・末柄豊「東京大学史料編纂所所蔵『和歌真字序集（扶桑古文集）』紙背文書」（『東京大学史料編纂所研究紀要』一七号、二〇〇七年）で翻刻紹介され、東京大学史料編纂所影印叢書『平安鎌倉記録典籍集』（八木書店、二〇〇七年）には範綱書状等の写真が掲載されています。その内容について、五味文彦「和歌史と歴史学」（『中世社会史料論』校倉書房、二〇〇六年）、上杉和彦『人物叢書　大江広元』（吉川弘文館、二〇〇五年）などの研究がありますが、ここにみえる「範綱」が親鸞の伯父であることに触れておらず、なお、検討の余地がありそうです。

そこでまず、この史料の「範綱」が親鸞の伯父さんであることを確認しておきましょう。『和歌真字序集』紙背文書によれば、この「範綱」は後白河院政の窓口となって、大江広元と交渉しています。後白河法皇は建久三年三月十三日に六十六歳で亡くなりますので、この史料群はその一年前のものということになります。ところで『吾妻鏡』は後白河法皇が亡くなった際、法皇に殉じて出家した者として「女房二位局〈高階栄子〉」と「若狭守範綱・主税頭光遠」を挙げ、さらに「範綱入道〈若州〉」ら八名が入棺役人をつとめた、と記しています。つまり親鸞の伯父の「若狭守範綱」は後白河法皇の葬送で中核的な役割を担いました。となれば、その一年前に、後白河を補佐して大江広元と折衝した「範綱」を、親鸞の伯父と判断して問題がないはずです。つまり『和歌真字序集』紙背文書にみえる「範綱」は、日野範綱なのです。

以上を踏まえて、文書の検討に移りましょう。日野範綱が大江広元に出した手紙は、建久二年二月八日から三月二十四日までの一六点です。大江広元は鎌倉幕府の政所《まんどころ》別当《べっとう》です。もともと京都の下級役人でしたが、兄の中原親能《ちかよし》の誘いもあって幕府に仕え、幕府の政務を切り盛りしています。源頼朝を大統領に喩えるなら、大江広元は実務派の首相のような存在です。そしてこの時期、広元は在京しており、三月末に一時鎌倉に戻るまでの書簡ということになります。一日に二度手紙を交わしたケースが二回あり、短期間のうちに頻繁なやりとりをしています。また、二人が面談した記述も多い。手紙を交換するだけでなく、二人はしょっちゅう会談も行っていたわけです。その話題は多岐にわたっており、書簡に記された主な項目だけで、次のようになります。

①仏師康慶《こうけい》の鎌倉下向、②源頼朝の書状を後白河法皇に伝達、③法住寺殿《ほうじゅうじどの》の造営、④大

江広元の文章《もんじょう》博士の任官希望、⑤日吉十禅師宮《じゅうぜんじのみや》の仮遷宮《かりせんぐう》、⑥法皇の熊野詣《もうで》、⑦越前国池田庄の問題、⑧播磨国有年《うね》庄への頼朝の下文《くだしぶみ》、⑨安田義定《よしさだ》の請文《うけぶみ》、⑩材木の調達、⑪播磨国の地頭代官の非法、⑫方違《かたたが》えでの法皇の浄土寺殿参向、⑬鎌倉の鶴岡八幡宮の火災、⑭中原親能の書状、⑮法皇の清水寺御幸《みゆき》、⑯鳥羽殿精進屋への法皇のお籠もり、⑰尾張国於田江《おだえ》庄の地頭役、⑱頼朝の右筆《ゆうひつ》である平盛時《もりとき》の書状

範綱が、大江広元と多様な問題について頻繁にやりとりしていたことが分かります。この間、後白河法皇は清水寺・浄土寺殿・鳥羽殿などに行っていますが、範綱はそれに同行していません。院御所で留守番をして、いろんな問題をさばいていました。具体例を一つ取りあげましょう。

謹《つつし》んで承《うけたまわ》り候了《おわ》んぬ。八九寸《すん》の木、二十二本候の由《よし》、返す返す悦《よろこ》び思い給い候、淀《よど》辺において請け取るべく候也、往還にその煩《わずら》い候わば、寺江《てらえ》辺にても罷《まか》り預かるべく候、今度《このたび》の営作《えいさく》は偏《ひとえ》に以《もっ》て御助成の支《ささ》え、至要《しよう》に候、返す返す畏《かし》み思い給うところに候也、毎事、参啓すべく候、範綱□□謹言

三月十一日　範□

直径二五センチほどの用木が二二本ある、との広元の手紙をみて、範綱がたいへん喜んでいます。「材木不足で困っている」と窮状を洩らしたところ、「うちに二二本ありますよ」

と広元から返事が来たので、喜んでいるのでしょう。そして、淀で受け取るか、寺江（尼崎市）にするか相談しています。

この材木は、何のためのものでしょうか。幕府がもっている用材を朝廷に回していますので、これは法住寺殿《ほうじゅうじどの》の造営で間違いないはずです。このころ、幕府と朝廷が協力して法住寺殿の再建を行っていました。「今度《このたび》の営作《えいさく》は偏《ひとえ》に以《もっ》て御助成の支《ささ》え、至要《しよう》に候」（今回の造営は幕府の支援が本当に重要です）とは、それを言ったものです。大江広元と中原親能の兄弟はその幕府側の責任者であり、そのために二人は在京していました。

法住寺殿は後白河の院御所です。非常に広大な御所で、蓮華王院（三十三間堂）や最勝光院・新熊野《いまくまの》神社はその一施設です。三十三間堂を訪れると、その北向かいに京都国立博物館がありますが、そこも元は法住寺殿の一郭でした。三十三間堂の東隣から、南はＪＲ線を越えた向こうまで、すべて院御所です。

寿永二年（一一八三）七月に木曾義仲が入京しますが、あまりの混乱ぶりに不信をもった後白河は、源頼朝に義仲追討を求めました。それを知った義仲が、同年十一月、後白河を攻撃します。この時に焼け落ちた法住寺殿を、いま朝廷と幕府が協力しながら再建しているわけです。建久二年は、朝廷・幕府関係が非常に安定していた時期で、法住寺殿や東大寺大仏の再建は朝幕の良好な協調関係を象徴しています。そして、前掲書状での範綱の喜びようから、彼が法住寺殿の再建に深く関わっていたことが分かります。つまりこの史料群は、範綱が最晩年の後白河法皇を支える中核的存在であったことをよく示しています。後白河に殉じて、範綱が政界を引退したのも分かるような気がします。範綱について調べ始めた時、彼が後白河の葬送で入棺役人をつとめたことに驚きましたが、今回の史料群を前にすると、「なるほど、それも当然だ」との思いを深くしました。この紙背文書にみえる「範綱」が親鸞の伯父であることは周知されていませんが、これを機に、広く知られることが望まれます。

以上、述べてきたように、親鸞の伯父の一人宗業は、学問で身を立てることで、何とか家柄の壁を乗り越えようとしました。もう一人の伯父である範綱は、専制君主といわれた後白河院の腹心となり、その権勢を支えることで家柄の壁を越えようとしています。そういう意味では、この二人は下級貴族が貴族社会を駆けあがってゆく二つの典型例です。

二人の伯父のあゆみから、親鸞の実家の社会的地位が見えてきます。確かに親鸞一族は貴族ではありますが、下級貴族に過ぎません。二人の伯父は辛酸をなめながら、才覚と忠誠心で何とか貴族社会で身を立ててゆきました。覚如は『親鸞伝絵』で、自らの一族を朝廷で栄達すべき名門だと誇示しましたが、実際には彼らの前に家柄の高い壁が立ちはだかっていました。覚如の発言には誇張があります。

延暦寺の堂僧

次に『親鸞伝絵』のもう一つの問題、親鸞の出家について考えたいのですが、その前に、延暦寺時代の親鸞について、先に取りあげます。九歳の出家より先に二十代の活動を取りあげるのは、年が前後するので申し訳ないのですが、二十代の話は史料的に確かなことです。確定的なことを先に話しておいた方が、出家をめぐる議論が理解しやすくなると思います。少し変則的ですが、ご諒解ください。

さて、親鸞の奥さんである恵信尼によれば、建仁元年（一二〇一）に親鸞が京都の六角堂に参籠した時、「比叡《ひえ》の山に堂僧《だうそう》つとめておはしましける」と述べています。つまり、当時親鸞が延暦寺の堂僧であったことが分かります。堂僧は常行三昧堂で不断念仏を修する僧侶です。中世の延暦寺には、東塔・西塔・横川のそれぞれに常行三昧堂がありました。一方、『親鸞伝絵』には、親鸞が比叡山横川で天台宗を学んだ、と記しています。これらからすると、親鸞は比叡山横川の常行三昧堂で堂僧をつとめていたことになります。『日野一流系図』によれば、親鸞の弟の尋有は常行堂検校に任命されていますので（一六八頁**図4**）、兄弟そろって堂僧であったと考えられます。

この堂僧は、一時、堂衆と混同されたことがありました。顕密寺院の僧侶は、学侶と堂衆（行人《ぎょうにん》とも）という二つの身分に分かれています。仏教の学びや祈りで仏に奉仕する学侶に対し、堂衆は水や花を仏に供えるなどの雑務に従事しました。出身身分も、貴族や上層武士クラスの学侶に対し、堂衆は下級武士や平民出身です。この身分差別は非常にきびしいもので、この差別の緩和・解消を求める堂衆と、それを認めない学侶との間で、武力紛争がいろんな寺院で起きました。親鸞の堂僧も、一時はこの堂衆と混同されましたが、それは誤りです。堂僧は学侶に属しています。

ただし、鎌倉時代の堂僧はさほど地位の高い職掌ではありません。十一世紀中葉の成立である『新猿楽記』を見ると、主人公の息子五郎は「天台宗の学生《がくしょう》、大名僧」に設定されていて、「歴《へ》たるところは常行堂の衆、期するところは天台座主ならくのみ」とあります。フィクションとはいえ、この時期の堂僧が、天台座主まで望めるエリートコースであったことを示しています。しかしその後、事情が大きく変化しました。延暦寺で天台宗の地位が低下したからです。

中世延暦寺で最も重視されたのは現世祈禱です。なかでも密教（台密）が重要でして、中世延暦寺では台密を学んでいない僧侶は、僧正の地位に昇ることができません（『訳注日本史料　寺院法』集英社、二〇一五年、二五頁）。顕教《けんぎょう》である天台宗を学ぶだけでは、高位に昇進できないのです。台密専門か、天台宗と台密の兼修でないと、法印より上の官位に就くことができず、天台座主にもなれません。日蓮が天台宗の復権を主張した背景には、こうした中世延暦寺における天台宗の低迷があったのですが、それはともかくとして、延暦寺では第一が台密、第二が天台宗、そして第三が浄土教でした。

堂僧は来世の祈りを職掌とする僧侶です。高位への出世を望み得るコースではありません。ちなみに朝廷や貴族が主催する仏事では、最後に布施取りという儀礼があります。社会的地位の高い貴人が、お布施を僧侶に直接手渡して敬意を示すものです。高僧なら公卿が、もう少し下の僧なら殿上人が布施取りを行います。ところが、堂僧の場合は、貴人による布施取りがありません。堂僧だけ布施取りの儀式が省略されたり、御堂預《みどうあずかり》（寺務方の僧）がお布施を渡したりしています。堂僧に対する社会的評価の低さは、こういうところにもうかがえます。

親鸞九歳の出家

以上を踏まえて、『親鸞伝絵』のもう一つの問題、親鸞の出家について考えましょう。『伝絵』によれば、親鸞九歳の春に伯父範綱が親鸞を慈円の坊に引率し、そこで得度して範宴少納言公と名のった、とあります。そして日野範綱については「阿伯従《じゅ》三位範綱卿〈時に従四位下、前若狭守、後白河上皇近臣也、上人養父〉」と記し、慈円に関しては「前大僧正〈慈円、慈鎮和尚是れ也、法性寺殿御息、月輪殿長兄〉」と注記しています。この記事は信頼できるのでしょうか。まずここでは、①九歳の出家得度と、②養父範綱の付き添いの二点について検証してみましょう。

最初に①出家得度から。日本中世の仏教制度は不明な点が多いのですが、近年の研究の進展でかなりのことが分かってきています。顕密僧となるには、(1)入室、(2)出家、(3)受戒という三階梯を踏みました。(1)入室は師匠の坊に弟子入りをする儀礼でして、この段階ではまだ俗体のままです。お稚児《ちご》さんがこれに当たります。(2)出家は得度ともいい、鬢髪《びんぱつ》を剃って坊主頭となり沙弥となる儀礼です。古代の律令体制のもとでは、得度課試《かし》という国家試験に合格しないと得度することができませんでしたが、中世では得度の国家管理は放棄されています。そのため随時、師の坊で出家儀礼を行いました。(3)受戒は、延暦寺または東大寺戒壇で戒律を遵守することを誓約する儀式です。延暦寺では天台座主から円頓戒《えんどんかい》を受けましたし、東大寺では具足戒を受けて、正式の僧侶、比丘《びく》になります。古代から続いている制度ですが、少なくとも鎌倉時代末までは、受戒が国制的意味をもっていて、顕密僧となるにはどちらかの戒壇での受戒が必要でした。

では、どれぐらいの年齢で、こうした儀礼を踏んだのでしょうか。それを探るため、**表2**を作ってみました。延暦寺の門跡クラスの事例ですので、データに偏りがありますが、おおよその傾向はつかめます。全体的に五～十二歳で入室しています。出家得度と受戒は

表2　青蓮院門跡の入室・出家・受戒年齢（平安末～鎌倉後期）

	入　室	出家得度	受　戒
覚快	11歳	13歳	13歳
慈円	11歳	13歳	13歳
良尋	11歳	11歳	11歳
道覚	5歳	13歳	13歳
良快	？	13歳	13歳
最守	12歳	12歳	12歳
慈源	9歳	11歳	11歳
尊助	？	16歳	16歳
慈禅	6歳	8歳	9歳
道玄	5歳	12歳	13歳
慈実	6歳	12歳	12歳
慈助	8歳	12歳	12歳
慈玄	10歳	11歳	11歳
良助	12歳	12歳	17歳

八～十七歳にわたっていますが、多くは十一～十三歳です。また延暦寺の場合は、出家と受戒を同じ年に行う例が多いですね。**表2**をみると、覚快・慈円・良尋・道覚・良快・最守ら一一名の出家と受戒が同年です。

ただし、門跡の場合、入室は後継者決定という政治的意味が加味されるため、幼年入室が発生しやすい。たとえば、慈円の弟子の道覚は五歳で慈円のもとに入室していますが、これは仁和寺御室《おむろ》以外で入道親王が誕生する初の事例となります。王家の子が僧侶になる場合、ⓐ親王宣下をうけた後で出家する入道親王と、ⓑ出家後に親王宣下をうけた法親王《ほっしんのう》の二種がありますが、ⓐ入道親王の方が格上です。つまりこの入室は、後鳥羽院が青蓮院門跡を仁和寺御室につぐ名門であると認定して、それを自分の息子に相続させることを決定したものです。重大な政治性をはらんだ入室であることが分かります。また、道玄（二条良実息）は梶井門跡の継承者として五歳で入室しますが、後にその地位が後嵯峨天皇の弟（最仁）に奪われました。そこで、十二歳で十楽院最守のもとに入室しなおして得度していま す。このように門跡の場合、その入室は高度な政治性が絡んできますので、幼年の入室が発生しやすくなります。

以上を踏まえて、『伝絵』の記事を検討しましょう。『親鸞伝絵』によれば、親鸞は九歳の春に入室と出家得度を行った、と述べています。

まず、ここには受戒の記述がありません。同年に受戒を済ませたとも考えられますし、後年に受戒を行ったとも考えられます。ただし、同じ年に入室・出家・受戒の三儀礼を行った事例もあります。青蓮院門跡の良尋・最守（『門葉記』）、梶井門跡の承仁（『天台座主記』）や、寺門の円助（『百錬抄』『岡屋関白記』）、仁恵（『外記日記』文永二年十二月条）がそうです。それゆえ、親鸞が九歳の時点で入室・出家・受戒をすべて済ませた可能性もないわけではありません。でも、これらは良尋が十一歳、最守が十二歳、承仁が十三歳、円助が十四歳、仁恵が二十一歳の話です。九歳の受戒は早すぎますので、受戒は後年の可能性が高いでしょう。

そのことを確認するため、**表3**を作成してみました。これは『僧綱補任抄』寿永三年（一一八四）条をもとに、年齢・戒﨟の記載された顕密僧二五四名の戒﨟開始年齢を計算

表3　寿永三年『僧綱補任抄』にみえる戒臈開始年齢

9歳以下	5名	2.0%
10歳	8名	3.1%
11歳	36名	14.2%
12歳	28名	11.0%
13歳	40名	15.7%
14歳	45名	17.7%
15歳	37名	14.6%
16歳	16名	6.3%
17歳	20名	7.9%
18歳以上	19名	7.5%
	254名	100.0%

＊『僧綱補任抄』寿永３年条（『大日本仏教全書』111巻）をもとに算出・集計。同年条の記事に不備がある慈円・玄弘・恵任・実円・行仁・忠玄・信覚・円祐・良覚の９名については元暦２年条で補訂した。

して集計したものです。鎌倉時代は顕密仏教が発展するなか、その諸制度が急速に緩んでゆきますので、これは、親鸞が出家した時期の雰囲気を探るためのものです。**表3**をみると十一歳から十六歳の受戒がほぼ八割です。九歳以下は2%しかありません。興福寺の覚実・覚乗・宗信と仁和寺の実任、そして山門の尊忠の五名だけです。戒臈は受戒からカウントするのが本来のあり方です。中世になると(1)入室、(2)出家から数える事例も若干見えますが、＊大多数は(3)受戒からです。親鸞も十歳以降に受戒したと考えるのが穏当です。

＊慈円は十一歳で入室し十三歳で出家・受戒したが、十五歳で法眼に叙されたとき「戒五臈」と記されている（『門葉記』巻一二八）。これは入室から戒臈を数えたことを意味している。また、円満院行覚法親王の場合は、出家得度の年から戒臈を数えている（『三井続燈記』巻四、「園城寺伝法血脈」）。

では、九歳の入室・出家はどうでしょうか。入室はともかく、九歳の出家得度も早いように思います。**表2**をみても、八歳で得度した慈禅の例があるだけで、他は十一歳以降の出家です。この慈禅（もと円尊）の場合、八歳の得度は財産相続のためです（『鎌倉遺文』五三四六号）。師の体調が悪化して死が目前となります。門跡を相承する者が俗体では具合が悪いということで、急遽得度したわけです。こういう特殊事情ですので、これを一般化することはできません。とはいえ、**表3**によれば、九歳以下で受戒まですませた事例が2%あります。『伝絵』がいう九歳での出家得度は異例ではありますが、決してあり得ないことではありません。

いろいろ述べましたが、なお推測にとどまるところが多く、確定的なことが言えません。残念ですが、これが現在の研究の限界です。

次に、②養父範綱の付き添いに話を移しましょう。『伝絵』によれば、入室の際に日野範綱が付き添っています。お父さんはどうしたのでしょうか。実父有範の史料は多くありませんが、このころ有範は存命していたようです。有範が亡くなった時に、親鸞の弟である兼有律師が経典に加点をした史料が西本願寺に伝わっています。親鸞の弟が一人前になるまで有範が生きていたということですから、親鸞九歳の時点で父親が亡くなっているはずがありません。にもかかわらず、範綱が養父となって付き添っています。なぜ、養子になったのでしょうか。

これは、不自然な話ではありません。顕密仏教の世界では、僧侶の昇進は実家の家格によって、ほぼ決まりました。そこは、もう一つの貴族社会と言ってよいほど門閥主義が横行していて、家柄が低ければ、よほど卓越していない限り立身出世は不可能です。平民身分は大法師より上の官位に就けませんし、侍や下級貴族の出身では僧正になれません。禅宗が流布すると、御家人子弟の多くが禅僧になりましたが、彼らが禅寺に向かったのは門閥主義が緩やかだったからです。御家人の子が天台座主や東寺長者になることはあり得ませんが、建長寺や南禅寺の住職になら就けました。南禅寺住職になると、社会的には天台座主とほぼ同格の扱いを受けましたので、みんな禅宗に流れたのです。

このように顕密仏教の世界では、家柄が重視されました。そのため、官位の高い人物の養子となって、少しでも出身家格を上げようとします。一族の出世頭の養子になるのは一番手軽な方法です。親鸞一族でいえば当時の出世頭は範綱でしたから、彼の養子になって箔を付けようとしたのです。

しかし、範綱の官位については問題があります。『親鸞伝絵』は「阿伯従三位範綱卿〈時に従四位下、前若狭守〉」と書いています。これは「範綱の最終官位は従三位だが、入室出家の時点では従四位下であり、もと若狭守だった」という意味です。でも、この記事は怪しい。

親鸞九歳の春は、治承五年（一一八一）に当たります。ところが『山槐記《さんかいき》』という日記によれば、文治四年（一一八八）正月の人事で日野範綱は「正五位下」に叙されています。正五位下↓正五位上↓従四位下と昇任してゆきますので、実際には親鸞の出家から七年後に、ようやく従四位下より二ランク下に到達できただけです。出家の時点で従四位下であろうはずがありません。また、『伝絵』は範綱の最終官位を従三位としていて、公卿の地位に昇ったように書いていますが、『公卿補任』に範綱の名は見えません。『親鸞伝絵』での範綱の位階は信頼性に欠けます。覚如は範綱の官位のかさ上げをしたのです。

では「前若狭守」はどうでしょうか。『山丞記』文治四年十二月十九日条をみると、範綱が若狭守に在任していることが確認できますので、彼が若狭守となったのは事実です。でも、親鸞九歳春の治承五年（一一八一）段階で、すでに若狭守を経験していたかというと、それはあり得ない。若狭国は平家の知行国となっていて、応保元年（一一六一）から治承五年までの若狭守は平経盛―平経光―平敦盛―平師盛―平経俊です。この時期に、範綱が若狭守に任じられることはあり得ません。若狭守の就任は、平家滅亡後と考えるべきでしょう。『伝絵』は、若狭守の就任時期を早めることによって、少しでも親鸞一族の貴種化を図ろうとしたのです。

先に私は、親鸞の実家は『親鸞伝絵』がいうような名門ではなく、むしろ摂関家からは「凡卑」「はなはだ下品」と蔑まれていたことを紹介しましたが、ここでも同じことが言えます。覚如は、親鸞の子孫である自分自身を権威づけるため、官位の水増しをしています。『伝絵』を読む時には、ここに注意しなくてはなりません。

公名と出家

ただし、『親鸞伝絵』には非常に重要な情報が記されています。親鸞の公名《きみな》です。『伝絵』によれば得度の際、親鸞は「少納言」の公名を与えられています。中世の僧侶は「殿法印尊忠」「大納言僧都隆弁」「三位律師行位」といった呼ばれ方をしますが、これは「公名＋本人の僧官位＋僧名」から成っています（「殿」は殿下の略で摂関を指します）。つまり、朝廷における父祖や養父の官位を公名に付して、その僧侶の出身家格を示したわけです。清少納言の「少納言」がこれに相当します。そして、父や養父が昇進すると、折りに触れて公名も変化しました（例えば本覚院良禅、随心院厳雅、佐々目法華堂別当公寛）。

そこで、入室前後における範綱の官位を精査してみました（**表4**）。嘉応元年（一一六九）八月に「式部大丞正六位上」とみえます。承安三年（一一七三）や鹿ヶ谷事件（一一七七年）では「式部大夫《たゆう》」です。この「式部大夫」は式部丞《じょう》（六位相当）を特別に五位に叙したものですので、一ランクあがって従五位下になったと思われます。さらに寿永元年（一一八二）八月に「兵庫頭《かみ》範綱」とあります。兵庫頭の官位相当は従五位上です。そして、文治四年（一一八八）正月に兵庫頭に還補され、さらに正五位下に叙されています。このように、範綱の位階が正六位上→従五位下→従五位上→正五位下と一つずつ上がって

表4　親鸞入室前後の日野範綱の官位

年（西暦）月	日野範綱の官位と出典	位階
嘉応1（一一六九）08	「判官式部大丞正六位上藤原朝臣章綱」。『兵範記』	正六位上に在位
承安3（一一七三）06	寺供養の堂童子に「式部大夫維度・章綱」。『吉記』	従五位下カ
安元3（一一七七）06	鹿ヶ谷事件、「式部大夫章綱〈院近臣〉」。『玉葉』	従五位下カ
治承5（一一八一）春	親鸞の出家、「範宴少納言公」。『親鸞伝絵』	従五位下に相当
寿永1（一一八二）08	勧修寺八講に「兵庫頭範綱」。『吉記』	従五位上に相当
寿永2（一一八三）11	解官「兵庫頭藤章綱」。『吉記』	従五位上に相当
寿永3（一一八四）04	除目下名に「兵庫頭藤範綱〈還任〉」。『吉記』	従五位上に相当
文治4（一一八八）01	除目下名「兵庫頭藤原範綱〈還任〉」「正五位下藤原範綱」。『山槐記』	正五位下に叙す

いることが確認できますが、その中間に属する時期（一一八一年春）に、養子の親鸞が従五位下に相当する少納言の公名を授けられています。この事実は非常に重要です。親鸞が出家した時点での範綱の位階を、正確に反映しているからです。翌年八月に範綱は兵庫頭に在任していますので、その時の出家であれば、従五位下相当の「少納言公」の公名はありえません。ここから日野範綱の養子である親鸞が、九歳の時に「少納言公」と名づけられたことが確定できます。私たちはここで、親鸞九歳の得度を傍証することができました。九歳の入室・得度は事実と考えるべきです。

『親鸞伝絵』は慎重な取り扱いが必要です。しかし、そこでの記述をただ否定すればよい、というような単純なものではありません。『伝絵』には貴重な情報も含まれています。それだけに、使うべき情報と、使ってはならないデータをきちんと見極める実証的手続きが特に重要となるのです。

九歳春の慈円入室

次に取りあげるべきは、慈円への入室です。親鸞が九歳春に出家したのが事実であったとして、師は慈円なのでしょうか。慈円（一一五五～一二二五）はご承知のように、『愚管抄』の著者です。摂関家の出身で天台座主を四度もつとめています。青蓮院門跡の三代目ですが、青蓮院を延暦寺屈指の巨大門跡に発展させたのは慈円の力です。弟子に門首を譲ってからも、「本主」として門跡を実質的に支配しており、気に入らなければ門首を交代させることもありました（拙稿「青蓮院の門跡相論と鎌倉幕府」『延暦寺と中世社会』法藏館、二〇〇四年）。歴代の青蓮院門首の中でも、最も強大な力をもっていたのが慈円です。密教に造詣が深いうえ、卓越した政治力があり、文化的センスにも長じています。中世の顕密仏教界を代表する僧侶といっても過言ではありません。

親鸞が慈円のもとに入室したという『伝絵』の記事については、中澤見明『史上の親鸞』（文献書院、一九二二年）をはじめ多くの研究者が疑問を投げかけています。しかし他方では、事実として認めるべきだという意見もあって、決着がついていません。ただし大切なのは結論よりも、その論証過程です。いずれの説も論拠が十分ではありません（中澤説の論拠は今では破綻が明白です）。水掛け論を終わらせるには、きちんとした根拠を提示しあうことが大切です。『旧著』に対しては山田雅教氏の批判もありますので（「親鸞の出家得度」『高田学報』一〇三、二〇一五年。なお、二〇一一年刊行の本書を以下『旧著』と呼ぶ）、それを踏まえて改めて考えてみましょう。

さて、『親鸞伝絵』は慈円について「前大僧正〈慈円、慈鎮和尚是れ也、法性寺殿御息、月輪殿長兄〉」と記しています。つまり、「慈円前大僧正は藤原忠通（法性寺殿）の子で、九条兼実（月輪殿）の兄である」と述べているだけです（慈円は兼実の弟ですので、「長兄」とあるのは覚如のミスです）。ここには親鸞が出家した治承五年（一一八一）春時点の情報は、何ひとつありません。伯父の範綱については水増しがあるとはいえ、何とか治承五年段階の情報を書こうとしています。しかし、慈円については何もない。『伝絵』が制作された時点で、誰もが知っているような一般情報しか載っていません。その点で、この記事はかなり危うい。

そこで、治承五年春の慈円とその周辺について、少し丁寧に追ってみましょう。まず第一に、当時、慈円は「慈円」ではありませんでした。彼は道快《どうかい》法《ほっ》眼と名のっていて、法性寺《しょうじ》座主、二十七歳で未入壇です。密教僧は伝法灌頂《でんぽうかんじょう》を受けて一人前になりますが、まだ慈円は未入壇、つまり伝法灌頂を受けていません。門跡継承のための入室ならともかく、そうでなければ、一人前の密教僧にもなっていない人物のもとに、自分の子を弟子入りさせるでしょうか。

第二に、このころの慈円は遁世を望んでいました。治承四年（一一八〇）八月十四日、慈円は兄の九条兼実を訪ねて、「生涯無益なり」といい、「籠居」したいと述べています（『玉葉』）。この遁世はただの思いつきではなく、相当固い決心であったようで、一年余り前にも「大略、世間の事無益なり、隠居の思いあり」と兼実に語っています（『玉葉』治承三年四月二日条)。世事に煩わされることなく、仏法に純粋に打ちこみたい、慈円はそう願ったのでしょう。

当時、延暦寺は騒然としていました。治承二年八月には学侶と堂衆との激しい戦いが繰り広げられ、翌年十一月には平清盛がクーデターで後白河院政を停止させました。治承四年三月、園城寺・興福寺と延暦寺の大衆《だいしゅ》が三寺連合を結成し、後白河を迎えて平家に対抗する動きが表面化しますが、平家は延暦寺の僧徒を切り崩して三寺連合を瓦解させます。しかし五月には以仁王が挙兵、八月には源頼朝が挙兵し、十月には富士川の合戦で官軍が大敗しました。さらに十一月、近江源氏の山本義経が挙兵すると、無動寺衆徒や堂衆がそれと提携する動きを示しています。それに対し平家側は十二月、園城寺や東大寺・興福寺を焼き討ちするなど、大混乱となっています。

仏道そのものに専念したいと考える慈円が、こういう世上を疎ましく思うのは、もっともなことです。延暦寺においても平家側と反平家側が激しく対立し、制御不能の状況に陥っています。板挟みに嫌気がさして遁世したいと願うのも無理ありません。それに対し、同母兄の九条兼実は必死に制止しています。兼実からすれば、一門から天台座主を出すことは、自分の政治基盤を固めるうえで重要なことです。そのため繰り返し繰り返し遁世を止めましたが、それを振り切って、慈円は治承四年十一月に洛西の善峯寺《よしみねでら》に籠居してしまいます。師の覚快が無動寺検校を辞任したので、兼実は慈円に無動寺を相続させようとしますが、慈円はそれも拒否します。相続の拒否は尋常ではありません。決意の固さがうかがえます。師（覚快）の病いが悪化したため、治承五年二月十七日に見舞いのために、ようやく京都に出てきています（『玉葉』、なお山田雅教氏は慈円が治承四年十二月に籠居を中断したとされますが、その史料解釈には賛成できません）。

親鸞九歳の春とは、慈円にとってこういう時期です。洛西に籠居しており、師の見舞いのために、籠居を中断して京都に出かけていった。これが親鸞九歳春の慈円の姿です。政治的にも、精神的にも、非常に不安定な時期です。延暦寺に戻るかどうかも定かでない、こういう人物に誰が子を預けるでしょうか。また、弟子を迎えられるような状況でしょうか。

第三に、このころは慈円の地位も安定していません。まず、①当時の慈円は法性寺座主でした。法性寺は摂関家の氏寺でして、名門の寺院です。そのため十世紀中葉より、ここの座主になると天台座主への道が開かれると言われています。確かにそうですが、でも平安末は少し事情が異なります。保安五年（一一二四）に補任された相覚から慈円までの七代でいうと、天台座主に就いたのは最雲・行玄・覚快の三名だけで、相覚・源恵・勝豪・覚豪の四名は座主になっていません。しかも時代は激動期です。将来の地位の保障など、誰にもなかった時代です。青蓮院の忠快（平教盛息）・道覚（後鳥羽院息）、梶井の尊快（同）、仁和寺の道助（同）・覚恵（崇徳院息）のように、父や家の没落によって屈辱と沈淪を余儀なくされた名門の僧侶など、無数にいます。

また、②当時の慈円は青蓮院の門首ではなかったし、門跡相続も不確定です。養和元年（一一八一）十一月に慈円は法印に叙されますが、後白河院は一旦その叙任を拒絶していますす。それを兄の兼実が何とか頼みこんで法印にしました。門跡継承も、後白河法皇はなかなか承知しません。青蓮院は無動寺と楞厳三昧院《りょうごんさんまいいん》を中核とする門跡ですが、養和元年十一月に覚快が亡くなると、楞厳三昧院は慈円が相続したものの、無動寺は実寛という僧侶に与えられました。一年前の相続拒否がここに影響しています。

慈円の地位が安定するのは、もう少し後のことです。寿永元年（一一八二）七月に実寛が亡くなって無動寺を手に入れ、さらにその年の十二月に伝法灌頂を受けています。慈円が政治的に安定するには、この時まで待たなければなりません。親鸞が入室したといわれる時から、一年半ないし二年後のことです。とはいえ、無動寺検校となった実寛が、わずか八カ月で亡くなったため、無動寺を手にすることができましたが、彼がもう少し長生きしていれば、政治的激動の中で何がどうなったか分かりません。僧侶として未熟なうえ、精神的に不安定で、その政治的地位も不確定、そういう人物を師に選ぶ理由が分かりませ

図2　内乱期の摂関家

藤原忠通─┬─近衛基実──基通──家実
　　　　　├─松殿基房──師家
　　　　　└─九条兼実──良経──道家

＊いずれも摂関となった人物。なお、近衛基実・松殿基房・九条兼実は生母が異なっている。

ん。

第四は、同母兄の九条兼実です。慈円は後に青蓮院門首として絶大な力を振るうようになりますが、それは、九条家が摂関家としての地位を固めたことが決定的に大きい。ところが、内乱がなければ、九条兼実が摂関になることはなかった、と言われています（樋口健太郎『九条兼実』戎光祥出版、二〇一八年）。摂関の地位は、近衛基実《もとざね》・基通《もとみち》と松殿《まつどの》基房《もとふさ》・師家《もろいえ》との間で争われていて、三男の兼実は摂関家の補佐役です（**図2**参照）。とても、摂関の地位を争えるような立場じゃ、ありませんでした。ところが、次兄の松殿家は木曾義仲とむすんだため、義仲が敗死すると摂関家の地位を喪失します。これ以降、松殿家から摂関は出ていません。一方、摂関家嫡流の近衛基通は、源義経の頼朝追討を支持して失脚します。その結果、文治二年（一一八六）、源頼朝の吹挙によって九条兼実が摂政となりました。木曾義仲・源義経の登場と没落が摂関家に激震をもたらしたのです。

摂関家の補佐役から当主へという九条兼実の地位の変化は、同母弟の慈円に重大な影響を及ぼしました。近衛家・松殿家が致命的ともいえる政治的失態を犯さなければ、また平家政権が崩壊していなければ、その後の慈円の力は遥かに小さなものであったはずです。いずれにせよ、親鸞が入室したとされる治承五年（一一八一）春の段階では、慈円は顕密仏教界のありふれた貴種の一人に過ぎません。この時点で慈円を師に選ぶ必然性が、私には理解できません。

第五に、伯父の範綱にとっても、親鸞九歳の春は微妙な時期です。先にも述べたように、安元三年（一一七七）六月の鹿ヶ谷事件で範綱は明石に流罪となります。百日で赦免されましたが、官界に復帰できていません。治承三年十一月の清盛のクーデターによって後白河院政が停止され、院の近臣三九名が解官されましたが、そこに範綱の名はありません。赦免されて二年たっても、範綱は朝廷に復帰できていない。そこに、後白河の幽閉が加わりました。

治承五年（一一八一）正月に高倉上皇が亡くなったため、形のうえで後白河院政が再開されます。でも、院政が本格的に始動するのは閏二月四日に平清盛が亡くなってからです。閏二月六日には、久しぶりに後白河のもとで院御所議定《ぎじょう》が再開され、閏二月八日の清盛の葬送では後白河と近臣たちが乱痴気騒ぎでそれを祝っています（美川圭『後白河天皇』ミネルヴァ書房、二〇一五年）。清盛の死によって後白河法皇の主導権が確定したからです。

では、範綱はいつ復帰したのでしょうか。平清盛に目を付けられて流罪になった経緯からすれば、復帰は清盛没後ではないでしょうか。範綱の復帰がもう少し早かったとしても、後白河―範綱の処遇は、清盛の一存でどのようにでも変化します。親鸞は範綱の養子となっていますが、その関係が政治的にプラスとなるのは清盛没後です。範綱は反平家の色のついた人物として、長い間干されてきました。清盛の存命中に、範綱の養子を弟子に迎えるのは、慈円にとって政治的リスクが高すぎます。

これが親鸞九歳春における日野範綱の状況です。彼が治承五年閏二月に復帰したとして、それから親鸞と養子関係をむすび、さらに慈円が延暦寺僧としてやってゆくかどうか、その意思を確認したうえで弟子入りの交渉を行い、入室・得度にまでもってゆく、これは時間的にきわめてタイトです。しかも、この時期の範綱は院の近臣とはいえ、まだまだ下っ端です。官位は従五位下でしかありません。慈円のような貴種とは、交渉の段取りを取り付けるだけでも大仕事のはずです。どのようにしてコンタクトを取ったのか、私には想像がつきません。

しかも飢饉が広がっています。養和の飢饉は翌年春にピークを迎えますが、すでに治承五年二月の段階で、朝廷が飢饉対策に乗り出しています（『玉葉』同年二月二十日条）。四月には「餓死者、道路に満つ」（『吉記』四月五日条）といわれ、六月には貴族僧の餓死まで出ています（『百錬抄』）。『親鸞伝絵』は親鸞の入室を華やかに描いていますが、現実の世上はそれとは掛け離れていました。後白河は、戦争・飢饉、そして東大寺大仏の再建に取り組まなければなりません。範綱の仕事は山積していたはずです。こういう状況からして、親鸞九歳春に範綱の付き添いで慈円のもとに入室したとは考えにくい、私はそう思います。

九歳冬入室説

九歳春という入室時期の問題点に気づいた研究者は、これまでにもいます。藤原猶雪氏です（『真宗史研究』大東出版社、一九三九年。『旧著』では赤松俊秀『親鸞』と記しましたが、私の勘違いです。お詫びして訂正します）。そこで氏は、入室の時期をずらして、この矛盾を解消しようとしました。「春」を誤記とみなし、「冬」に入室したことにして辻褄を合わせようということです。史料の文言を読み替えるというのは、研究者にとってまさに禁断の果実ですが、そこまで無理をしたところで、なお問題が残ります。

まず第一に、藤原猶雪氏が九歳冬説を主張した根拠は、今では崩れています。氏は、養和元年（一一八一）十一月の青蓮院覚快の死没によって門跡が慈円に移ったと考え、ⓐ十一月以前の得度であれば、その師は覚快でなければならず、ⓑ慈円を師とするのであれば、入室時期を九歳冬に訂正すべきだ、と主張されました。しかし、①入室は僧侶個人と師弟関係をむすぶものであって、門跡に入室するわけではありません。それゆえ、青蓮院門首が覚快であった時期であっても、親鸞が慈円に入室することは十分に可能です。しかも、②『伝絵』は慈円の「貴房」で出家した、と述べているだけです。九歳春に、法性寺座主坊で出家することもできましたし、洛西の住坊でも可能です。また、覚快からはすでに三条白河坊の一部の土地が譲られていますので（『門葉記』巻一三四）、堂舎を建てていれば、そこで出家儀礼を行うこともできたはずです。藤原猶雪氏が挙げられた根拠は、今では維持できません。つまり九歳冬説を支える論拠は、今では存在しません。

第二は、入室時期の不自然さです。養和元年（一一八一）冬に親鸞が入室したと考えても、不自然さは否めません。慈円は道快から慈円と改名していますが、伝法灌頂は受けていませんし、無動寺の相承も確定しておらず、その地位も安定していません。何よりも政治や軍事の情勢が混沌としています。

同年閏三月の清盛の死によって、平宗盛は後白河に政権を返上し、後白河法皇が主導する政治が始まりましたが、軍事に関しては平家は後白河の容喙を拒否しています。荘園公領の別なく、兵士や兵粮を徴発できる惣官制度という強力な軍事体制を、平家は同年正月に構築しました。これは源頼朝が関東で樹立した体制とほぼ同質のものです。同年三月の墨俣川合戦で平重衡が源行家に大勝したのは、その成果です。さらに平家は、後白河の意向を無視して奥州の藤原秀衡に頼朝追討を命じるなど、独自の動きをしています。

惣官体制への貴族の反発を和らげるために、平宗盛は後白河を表に立てていますが、軍事的覇権が確立すれば、後白河の政治的主導権など簡単に崩壊します。状況は流動的です。近年の研究では、平家が軍事的制圧に成功する可能性も十分にあったと考えています（川合康『源平合戦の虚像を剝ぐ』講談社、一九九六年）。政治も、軍事も、どう転ぶか分からず、先の見えない状況です。中下級の僧侶ならともかく、慈円のような貴種は選択を誤れば政治的死を迎えます。そういう不透明な状況のなかで、反平家の色のついた人物（範綱）の養子を、弟子に迎えるでしょうか。

慈円が実際に入室の弟子をとったのは、文治元年（一一八五）八月のことです（『玉葉』）。平家が三月に壇の浦で滅亡していますので、内乱が収まって落ち着いた段階です。この時に、門跡の後継となる良尋（一一七七～一二〇七）が、九歳で慈円のもとに初めて入室しました。良尋は九条兼実の息です。後継者となるのに一番ふさわしい人物と言えるでしょう。年齢は、親鸞より四歳年下です。門跡の地位を固めた慈円（三十一歳）が、平和が到来した文治元年八月に、九歳の後継者を迎えるというのは、わかりよい話です。ただしその後、政治状況が激変します。十月に源義経の挙兵と失敗、十二月には頼朝の要求による国地頭制の発足とその混乱など、政治が大きく動き、良尋の正式な入室も延期されました。とはいえ、この混乱は九条兼実にプラスに働きます。文治二年三月、兼実は頼朝の吹挙によって念願の摂政に就任しました。六月には国地頭制の廃止が頼朝から提案され、その混乱が収まった文治三年七月に、摂政の息となった良尋が正式に入室し、十一月に出家得度と受戒を済ませています。そして良尋は、建久七年（一一九六）二十歳で慈円から伝法灌頂をさずけられ、その直後に青蓮院門跡を譲られました。この経緯は非常に自然です（ただし、慈円は良尋の教育に力をこめすぎて師弟不和を招き、良尋が門跡を放り出して出奔します〈一二〇二年〉。慈円は天台座主を辞任して、兄兼実に詫びました）。

このように、良尋の入室は時期的にも、年齢的にも、また政治的にも非常に自然です。それに比べれば、親鸞九歳冬の入室は、不自然というほかありません。結果的に平家政権が崩壊したため、範綱は後白河に重用されることになります。しかし、逆に平家政権が軍事的勝利を収めて盤石となれば、後白河は範綱を切り捨てることも厭わなかったはずです。後白河にとって日野範綱はその程度の手駒です。それを思うと、養和元年冬という先の見通せないなか、慈円が範綱の養子を迎えるのは、なおリスクが高すぎます。

第三に考えるべきは史料の問題です。慈円については『玉葉』『門葉記』『天台座主記』などに膨大な記事が残っています。特に青蓮院門跡の記録である『門葉記』には、慈円の祈禱記事が詳細に記されており、それぞれの祈禱での従僧の名まで詳しく分かります。つまり慈円は、彼を支えた側近の動向まで判明する希有な人物です。これほど豊富な史料が存在する僧侶は、中世でもそんなにいません。それだけに、親鸞がもしも『伝絵』のいうように、九歳から二十九歳まで二〇年もの間、慈円に仕えていたのであれば、『門葉記』に名前が出てこないはずがない。親鸞の弟の尋有は青蓮院門徒でしたので、『門葉記』には尋有の記事が一七回出てきます。慈円の関係史料が豊富に存在するにもかかわらず、範宴（親鸞）の名が一切出てこないのは、親鸞が慈円とも、青蓮院門跡とも、直接的な関係がなかったからに他なりません。

『旧著』にこう記したところ、山田雅教氏より批判が寄せられました。尋有の記事が壮年期になるまで『門葉記』に登場していないことを思うと、貴種を除けば、若輩の行実は『門葉記』に載せられておらず、若いころの親鸞の名が見えないことに不審はない、と述べています（前掲論文）。なるほど、山田さんらしい鋭い的確な批判です。

でも、①延暦寺には、少なく見積もっても青蓮院配下の僧侶は、数百から千名はいたはずです。平安末より、門跡による僧徒の主従制的編成が急速に進展し、延暦寺僧のほとんどが青蓮院や梶井門跡によって組織されてゆきます。たとえば建保二年（一二一四）九月、天台座主承円（梶井門跡）と青蓮院門跡との対立が激しくなって、「青蓮院門徒」が「悉《ことごと》く」離山しました。それについて『天台座主記』は、「東塔四谷六十坊、西塔少々、横川四分之三、無動寺全分」が離山した、と記しています。つまりこの時点で、延暦寺の僧侶の半ば近くが青蓮院門徒でした。親鸞が学んでいた横川も、そのほとんどが青蓮院門徒です。そして尋有は、こうした青蓮院門徒の一人に過ぎません。ところが、『伝絵』の記事が正しければ、範宴（親鸞）は慈円の直弟子であり、しかも最古参の直弟子です。範宴と尋有とでは門跡での地位がまるで違います。一般の門徒レベルの尋有が『門葉記』に一七回登場するのに、門首の最古参の直弟子の名が一切出てこないのは、やはり不審なことです。

また、②『門葉記』を検索すると、貴種でない若輩の記事が相当確認できます。残念ながら年齢の判明する僧侶はわずかしかいませんので、その検証は難しいですが、それでも二十九歳以下の事跡をいくつも検出することができました（煩雑なため典拠は省略。関心のある方は、天台宗典編纂所の門葉記データベースで確認してください）。

まず、慈円の弟子でいうと、成源（良尊、一一八三～?）は二十二歳から二十九歳の記事が『門葉記』に一八件、それ以外に六件確認できます。慈賢（慈救、一一七五～一二四二）も二十六歳から二十九歳の記事が『門葉記』に一二件、『天台座主記』に三件みえますし、公全（豪円、一一七二～一二二五）は二十二歳・二十四歳・二十六歳で四件が確認できます。公恵（一一八八～一二三六）は二十四歳からの記事が『門葉記』に五件、『阿娑縛《あさば》抄《しょう》』などに二件みえます。このほか、側近の坊官であった増円（覚命・覚明、一一六六～一二一三）は二十六歳で慈円の行事僧をつとめるなど三件の事跡が確認でき、『天台座主記』などによれば、さらに五件が判明します。

慈円の弟子以外では、二十五歳の実快・公誉、二十八歳の公円、二十九歳の円実の記事が『門葉記』にみえます。『玉葉』『天台座主記』『阿娑縛抄』等にまで検索の対象を広げれば、聖覚は二十一歳から二十九歳で三一件、公豪は十八歳から二十五歳で八件、実全は十四歳・二十歳・二十八歳で三件みえます。このほか二十二歳の雲快、二十六歳の長真、二十八歳の経源らの記事が確認できます。貴種でなくても、二十九歳以下の記事がこれだけあります。まして、慈円の最古参の直弟子なのですから、範宴の記事が確認できないのは不審というほかありません。

第四に、慈円と親鸞との間に、教学的なつながりを想定することができません。慈円は唯密の僧侶です。顕教の公請《くじょう》実績はありませんし、顕教の弟子も確認できません。一方、親鸞は延暦寺の堂僧をつとめていて、唯顕の僧侶です。実際、『親鸞伝絵』は「南岳《なんがく》天台の玄風を訪《とぶらい》て、ひろく三観仏乗の理を達し、とこしなへに楞厳《りょうごん》横《よ》川《かわ》の余流を湛《たたえ》て、ふかく四教円融の義に明《あきらか》なり」と親鸞の延暦寺時代の修学について語っていますが、ここでは天台宗の教え（顕教）を学んだ、と述べているだけです。慈円と親鸞との間に師弟関係を想定できるでしょうか。ちなみに、慈円の甥の良快は顕密兼修ですが、彼は妙香院尊忠の入室の弟子で妙香院を相承しており、密教の師が慈円に当たります。安居院聖覚・尊勝院円能や俊範法印は唯顕の僧侶ですが、いずれも青蓮院門徒として慈円と主従制的につながっていただけです。台密の第一人者のもとに入室した親鸞が堂僧をつとめているのも不審ですし、そもそも親鸞が台密を受法した形跡がありません。肯定であれ、否定であれ、親鸞の著作に慈円の影響を認めることはできません。

第五に、慈円と親鸞は居住場所が異なります。中世の延暦寺では、朝廷の公請の影響をうけて、ⓐ「住山僧」と、ⓑ「在洛の名僧」との分化が進み、「住山僧」は格下にみられるようになります（『訳注日本史料　寺院法』二七頁）。親鸞は六角堂に参籠する時に「山を出《い》でて」（恵信尼文書）いますので、「住山僧」でした。一方、慈円は「在洛の名僧」の典型です。この時代の顕密高僧のなかでは、慈円は住山を大切にした僧侶ですが、それでも建久三年（一一九二）十一月に天台座主になると（親鸞二十歳）、朝廷の祈禱要請が頻繁にあるため、京都中心の活動にならざるを得ません。顕密仏教の世界では、弟子は師に付き従って身の回りの世話をするのですが、親鸞と慈円は住んでいる場所が山上と山下に分かれています。これでは師弟関係は成り立ちません。

第六は、建永の法難です。建永二年（一二〇七）の弾圧で法然の弟子四名が死刑になり、八名が流罪とされ、親鸞も越後に流されました。ところがこの時、慈円は流罪者二人の身柄を預かっています。法然門下のなかでも著名な急進派であった幸西と証空です。そのおかげで、彼ら二人は流罪を免れました。もしも親鸞が入室の弟子であったなら、昔のよしみから親鸞の身柄を預かったのではないでしょうか。慈円がそうしなかったのは、親鸞と慈円との間に特別な関係がなかったからです。

第七は親鸞の家格です。先に述べたように親鸞の一族は五位クラスの大夫層《たいふ》です。この階層の僧侶が、王家・摂関家出身の門首のもとに直接入室したとは思えません。たとえば親鸞の曾孫覚如は美貌の少年であったこともあって、興福寺の一乗院門跡から誘われて仕えることになります。だからといって門首に直接入室したのではありません。有力院家である西林院に入室して、門跡に仕えました（『慕帰《ぼき》絵詞』）。また覚如の息子である存覚は、一時期、延暦寺青蓮院門跡に仕えましたが、彼の場合も、青蓮院の有力院家である心性院に入室して、門跡に奉仕するかたちをとっています（『存覚一期記』）。言ってみれば、親鸞のような中下級貴族出身の僧侶は門跡を支える院家クラスに入室し、院家の後継者となって門跡に仕えつづけるのであって、直接門首に入室するようなことはなかったはずです。門跡に仕える僧侶は膨大に存在しますが、門首への入室が許されるのは、ごく少数です。史料検索はなお必要ですが、少なくとも私は今のところ、五位クラスの父や養父をもった僧侶が有力門首に入室した事例を検出することができていません。*

＊なお、松尾剛次氏は、「五位止まりの下級貴族出身」であった宗性が、東大寺尊勝院道性（太政大臣九条兼房孫、大納言兼良息）のもとに入室したことを反証として挙げ、親鸞の慈円入室があり得たと述べる（『知られざる親鸞』平凡社新書、二〇一二年、四〇頁）。しかし、宗性の祖父の藤原隆信は殿上人で、その極官は前右京権大夫正四位下である。宗性は下級貴族の出身ではない。しかも父隆兼が五位で早逝したため、宗性は中納言藤原宗行の猶子となっている。中納言の猶子が大納言の息のもとに入室するのは、珍しいことではない。一方、親鸞の養父である日野範綱は入室当時、従五位下の官人であり、慈円は摂政関白藤原忠通の息である。道性―宗性の事例は、拙論の反証にはなり得ない。なお、こうした宗性の世系については、氏も引用する平岡定海『東大寺宗性上人之研究並史料　下』（日本学術振興会、一九六〇年、六六八頁）で、すでに明らかにされている。にもかかわらず、その正確な情報を開示せず、自説に都合のよい事実のみを提示して反証とするのは、研究者の振る舞いとしていかがなものであろうか。

私は得度授戒制や律僧に関する松尾氏の実証研究を高く評価するが、氏の親鸞研究はまったく評価できない。特に、玉日伝説を歴史的事実と認定したことについては、その方法的手続きがあまりにもズサンである。それゆえ私は拙著で、「松尾氏の『親鸞再考――僧にあらず、俗にあらず――』（日本放送出版協会、二〇一〇年）には史料批判といえるものが、ほぼ皆無である。伝承史料への無批判な依存という点で、同書は近代歴史学以前に退行しており「歴史学者の矜持を捨てたもの」と評さざるを得ない」と述べたが（『鎌倉仏教と専修念仏』法藏館、二〇一七年、一〇六頁)、氏の『知られざる親鸞』についても、『親鸞聖人正明伝』『親鸞聖人御因縁』への無批判な依存という点で同じ評価をくだすしかあるまい。

松尾氏は玉日伝説を肯定するみずからの仕事を、網野善彦氏に重ね合わせて正当化している。しかし新たな実証の世界を次々に開拓し、実証研究の最先端にまで突き進んだ網野氏と、近代歴史学以前に退行した松尾氏の仕事とは、似ても似つかぬものである。網野史学を援用した自己正当化は、網野氏をおとしめるものであり、氏に対し非礼が過ぎると言わなければならない。なお『親鸞伝絵』の本願寺中心主義に批判的な研究者が、『高田親鸞聖人正統伝』『親鸞聖人正明伝』という高田偏重の物語に絡め取られてきたことについては、塩谷菊美氏の指摘がある(『大系真宗史料　伝記編1　親鸞伝』解説、法藏館、二〇一一年、同『語られた親鸞』法藏館、二〇一一年)。

第八は、「範宴」という親鸞の出家名です。平安中期より顕密仏教界では、実家の父祖から一文字、そして師匠から一文字とって名づけることがたいへん多い。たとえば、園城寺長吏であった隆弁僧正の初名は「光覚」ですが、これは母方の祖父葉室光雅の「光」と、師の覚朝の「覚」を組み合わせたものです。後に「隆弁」と改名しますが、これは父の四条隆房の「隆」と、師の明弁の「弁」からとっています。また前述の存覚は、延暦寺心性院に入室した時に「親恵」と名のりました。これは養父の日野親顕の「親」と、入室の師である経恵の「恵」を組み合わせています。彼は翌年「光玄」と改名するのですが、その

表5　顕密僧の僧名と父祖・師匠の名

僧名	父祖	師匠
寺門円満院「隆明」	父は藤原「隆」家	灌頂の師は「明」尊
天台座主「忠尋」	父は源「忠」季	師は覚「尋」
伝法院座主「隆海」	父は藤原家「隆」	灌頂の師は兼「海」
山門横川長吏「忠快」	祖父は平「忠」盛	師は覚「快」
醍醐寺座主「成賢」	父は藤原「成」範	灌頂の師は勝「賢」
東寺一長者「親厳」	父は大江「親」光	灌頂の師は顕「厳」
醍醐寺座主「光宝」	父は藤原「光」雅	灌頂の師は「成」宝
東大寺別当「宗性」	養父は藤原「宗」行	師は道「性」
鎌倉大門寺「定清」	父は後藤基「清」	灌頂の師は「定」豪
山門心性院「光恵」	父は日野俊「光」	師は経「恵」
鶴岡八幡別当「有助」	祖父は北条「有」時	印可の師は頼「助」

時は日野俊光の猶子となって「光」をもらい、顕教の師である玄智から「玄」の字をもらっています（『存覚一期記』）。**表5**に掲げたように、こうした例は他にも数多い。

もちろん、中世という時代は養子関係がたいへん複雑ですし、改名も盛んなため、これですべて解決するわけではありません。また王家・摂関家といった貴種僧の命名は別の原理が働いています。しかしそれ以外の多くの場合は、親から一文字、師匠から一文字というのが顕密僧の典型です。実際、親鸞の弟たちは尋有・兼有・有意のように、「有」の字をつけています。一方、親鸞は範宴ですので「範」の字がついている。彼らの父親は日野有範ですから、彼らはいずれも父から「有」もしくは「範」の一字をもらっています。

となると問題は、範宴の「宴」です。この特徴的な一文字が、師のものである可能性がきわめて高い。そして平安末から鎌倉初期の延暦寺の史料を検索すると、宴雲・宴源・覚宴・慶宴・最宴・実宴・重宴・親宴・晴宴・宗宴・長宴・澄宴・道宴・仁宴・陽宴・良宴・隆宴のように、「宴」の字のつく僧侶がたくさんいます。親鸞は「宴」の字のつく僧侶のもとで出家した、と考えるべきでしょう。

以上から、『親鸞伝絵』の慈円入室説は成り立たない、と結論できます。親鸞九歳春の入室と出家得度は事実と認定してよいと思いますが、師は慈円とは別の延暦寺僧と考えるべきでしょう。覚如は親鸞とみずからを権威づけるため、慈円入室説を創り上げたのです。比叡山横川にいた親鸞は、弟の尋有と同様、広い意味での青蓮院門徒だったはずです。これが慈円入室を案出する種となったのでしょう。

親鸞はなぜ出家したか

では親鸞は、なぜ九歳で出家したのでしょうか。藤原猶雪氏は、宗業・範綱の母が源義家の曾孫であったことを発見されました。そして、そこから源頼政の挙兵失敗によって父有範が籠居を余儀なくされたのが出家の原因であったろう、と推測しています。また赤松俊秀氏は、出家の原因として東大寺大仏の焼き討ちを挙げて、「平氏の暴行に刺激されて厭世的に行われた」と述べています（『親鸞』吉川弘文館、一九六一年）。

でも、もう一度、**表1**（二二頁）を御覧ください。伯父の宗業は親鸞が出家した年の暮れに給料学生となり、その二年後に文章得業生となっていて、順調にキャリアを積んでいます。範綱のほうも、親鸞が出家した年の閏二月に後白河院政が本格的に稼働したため、まもなく官界に復帰したはずです。源頼政の挙兵失敗によって親鸞一族が窮迫した事実はありません。そもそも顕密僧は、平和と繁栄を祈りの力で実現するという社会的職能を担っています。僧侶は職業です。厭世的となった慈円は、延暦寺をやめて遁世しようとしましたが、「厭世的に」延暦寺の僧となることなど、中世ではあり得ません。親鸞の出家に過剰な思い入れをしないほうがよいでしょう。

ただし、二人の伯父が家柄の壁を前にして悪戦苦闘してきたことからすれば、延暦寺に入った親鸞にも、それほど順調な未来が約束されていたわけではないはずです。そのことは、弟の尋有僧都の経歴からも分かります。その官歴をたどってみると、寛喜元年（一二二九）に「尋有阿闍梨」と見えます。仁治二年（一二四一）はすでに律師になっており、正嘉二年（一二五八）以前に少僧都になっています（『門葉記』巻一二五、「自然法爾消息」）。

正確な任命時期を特定することができませんが、これらが阿闍梨・律師・僧都で登場する初見です。残念ながら尋有の年齢が不明ですが、もしも親鸞との年齢差を十七歳と仮定すると、尋有は一一九〇年生まれで、四十歳で阿闍梨、五十二歳で律師、六十九歳で僧都ということになります。親鸞との年齢差が七歳であれば、それぞれ十歳ずつ年齢があがります。五十歳で阿闍梨、六十二歳で律師、七十九歳で僧都という、とんでもない話になります。いずれであっても、中世延暦寺の僧侶としては非常に昇進が遅い。おそらく親鸞も、実家の家格からして、同じ程度の出世しかできなかったはずです。

延暦寺の親鸞を待ちかまえていたのは、伯父と同じ苦難の道でした。宗業のように学才を頼りに立身するか、それとも範綱のように忠節を尽くして出世するか。しかし親鸞はいずれの道も選ばず、第三の道を選択しました。もちろん、親鸞の家柄と叡山出奔とは何の関係もありません。彼が法然のもとに走ったことと、延暦寺での出世が困難であったこととは、まったく関係がありません。でも、延暦寺での親鸞の未来が、それほど輝かしいものでなかったことだけは、心にとめておいてよいと思います。

仏教学者の時代から仏教思想家の時代へ

本章の最後に、中世の延暦寺や顕密仏教の実態について触れておきましょう。真宗史や浄土宗史の研究者は、法然や親鸞が延暦寺を飛び出したこともあって、この時代の延暦寺や顕密仏教を、強訴や戦争に明け暮れた退廃した存在として描く傾向があります。でも、その見方は一面的です。顕密仏教の内実は、想像以上に高度で豊かなものです（拙稿「中世延暦寺をどのように捉えるか」『叡山学院研究紀要』四二号、二〇二〇年）。たとえば、次のやりとりを見てみましょう。

「隣家の娘が男の子を産んだのですが、五月生まれは親に祟るといって、その子を捨てようとしています。せっかくの男の子でもありますので残念です。祟りの話は本当でしょうか。教えてください」。

「慈愛にみちたご質問、うれしく思います。捨子の件は、ぜひ止めてください。中国古典を調べると、孟嘗君《もうしょうくん》・王鎮悪・田夫・王鳳のように、五月生まれで親の誉れとなった人が多数います。私の考えるところ、人の運命は生まれ月で決まるのではありません」。

十二世紀初め、京都東山の僧侶が著した『東山往来《とうざんおうらい》』に掲載されている生活相談です。それにしても、この回答はよくできています。典拠を示して迷信を否定し、自分の考えを述べて、対処法を指示しています。他にも、歯が生えて産まれた子を殺す風習や、鶏の夕鳴きは不吉なのか、といった質問が見えますが、そこでも古今の書物から数多くの実例を引いて、迷信を信じないよう説得しています。文献をもとに挙証する態度が、その合理性

表6　顕密僧の昇進ルート（二会・四灌頂）

顕教	大法師——	南京三会859 （興福寺維摩会、宮中御斎会、薬師寺最勝会）——→	律師
顕教	大法師——	北京三会 （法勝寺大乗会1078、円宗寺法華会1073、同最勝会1082）→	律師
台密	阿闍梨——	（尊勝寺結縁灌頂1104、最勝寺結縁灌頂1122）——→	律師
東密	阿闍梨——	（東寺結縁灌頂1114）——→	律師
東密	阿闍梨——	（仁和寺結縁灌頂1140）——→	律師

＊数字は法会が創始された西暦を示す。ただし南京三会は三会已講制の成立時期。このほか宮中最勝講（1002年）、仙洞最勝講（1113年）、法勝寺八講（1131年）の三講は、中世前期で最も権威ある顕教法会となった。

を支えていたことが分かります。これが中世の顕密仏教の実態でもありました。

この挙証主義は、本書だけの特徴ではありません。顕密仏教の世界で広く共有されていました。それを示すのが論義《ろんぎ》です。私たちは「朝まで生テレビ」のような討論番組を楽しみますが、この時代の貴族もそうでした。これが論義です。延暦寺や興福寺を代表する僧侶が、仏教のいろんなテーマについて、熱い討論を繰り広げました。

平安後期の院政時代には院権力が仏法興隆政策をとり、顕密仏教は大いに発展します。そのなかで**表6**のように、二会《にえ》・四《し》灌頂《かんじょう》・三講《さんこう》といった国家的法《ほう》会《え》が整備されました。これが中世前期における顕密仏教の基幹システムです。王権の主導によって、努力と才能によって昇進する道が整えられたのです。学僧たちは、それぞれの寺内法会で研鑽を積んだうえで、国家的法会の晴れ舞台で他寺の僧侶との論義に臨みました。弁舌の巧みな僧侶が人気を博すことになりますが、討論で活躍するには、経典解釈をめぐる学説が頭に入っていないといけません。ということで、彼らは日々、経典研究に精進しました。文献の博捜による挙証主義は、こうした経典研究のなかで培われたのです。『東山往来』に見える挙証主義も、こうしたなかから登場してきました。

中世では神仏が広く信じられていました。でも他方では、技術や知識の進歩にともなって、こうした信仰を冷ややかに見る目も着実に増えています。中世のすべての宗教は、こうした厳しい視線に耐えて、社会的信頼を勝ちとらなければなりません。合理的思考の取り込みは、不可欠なものでした。

合理性との関係は密教祈禱についても言えます。たとえば治病の場合、僧侶はただ加持祈禱をしていたのではありません。患者に漢方薬を与え養生の仕方を教え、本人に懺悔をさせたうえで祈禱を行いました。さまざまな医療技術を駆使しながら、祈禱を行ったのです。そのため寺院には多様な知識が集積されていました。たとえば延暦寺では、顕密諸宗のほか、儒学・和歌・兵法も教えていましたし、医学・薬学や農学・土木技術の専門家もいました。まさに知識の宝庫です。今でいえば総合大学のような存在、それが延暦寺であり、興福寺でした。顕密仏教はただの呪術ではなく、高い合理性を取り込んだ呪術でした

（拙稿「中世仏教における呪術性と合理性」『国立歴史民俗博物館研究報告』一五七、二〇一〇年）。顕密仏教が中世を通じて巨大な影響力を保つことができた理由が、ここにあります。

かつて私たちは、院政時代の旧仏教では学問が衰えたと論じました。しかしそれは、鎌倉新仏教の清新さを際だたせるための暴論です。実態はむしろ正反対です。延暦寺にしても、顕密仏教にしても、そう簡単にバカにしてよいような、ちゃちな存在ではありません。顕密仏教は院政時代に大いに発展しますが、その隆盛は造寺造塔や寺領荘園の獲得だけでなく、経典研究の深化と拡充をもたらしました。そうしたなかから、宝池房証真《ほうちぼうしょうしん》のような偉大な仏教学者が誕生しています。証真の『天台三大部私記』六〇巻は、今でも天台教学の基礎とされるような重要な業績です。いまだに古びていません。このように王権による仏法興隆は、仏教文献学の高度な達成をもたらしました。

でも、仏教学者による文献研究が進んでくれれば、単なる経典解釈では飽き足らなくなります。こうして、法然・親鸞・道元・日蓮といった仏教思想家が誕生するのです。院政時代から鎌倉時代への転換とは、仏教学者の時代から仏教思想家の時代への転換です。

法然や親鸞が延暦寺でどのような学問を勉強したのか、具体的なことは分かりません。しかし法然の『選択《せんちゃく》《せんじゃく》本願念仏集』、親鸞の『教行信証』の独創性は仏教文献学の高度な蓄積のなかから誕生した、このことだけは明言することができます。『選択集』のなかで展

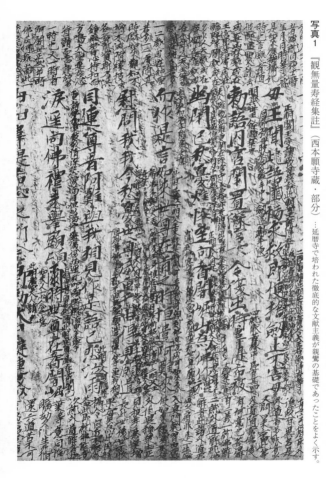

写真１　『観無量寿経集註』（西本願寺蔵・部分）…延暦寺で培われた徹底的な文献主義が親鸞の基礎であったことをよく示す。

開される問答は、顕密仏教の論義スタイルそのものです。また**写真1**をみると、経典の一つひとつの文言について、これまでどういう解釈がなされてきたのか、そのメモが上下の欄外や行間にびっしり書き込まれています。これは、当時の仏教文献学の典型的な勉強の仕方です。ピカソの独創的な絵が彼の正確なデッサン力をベースにしていたように、親鸞の独創的な経典解釈の土台を作ったのは、院政時代の顕密仏教における仏教文献学の達成でした。法然や親鸞は、顕密仏教の腐敗と堕落のなかから登場したのではありません。顕密教学の達成の最先端から、彼らの思想が誕生しました。仏教観が根本的に異なっていたため、顕密仏教と専修念仏が折り合うことはありませんでしたが、双方の論戦は今から見ても非常に高度なものです。

法然や親鸞に肩入れするあまり、顕密仏教の実態をおとしめて考えるというのは、公平な態度とは言えません。この点は、私自身への誡めでもありますので、くれぐれも留意しておきたいと思います。

以上、本章では、延暦寺時代までの親鸞についてお話ししてきました。ただし、ここでは意図的に触れなかった話題があります。「三夢記」です。

三重県の高田派専修寺に「三夢記」という史料が伝わっています。そこには、①建久二年（一一九一）九月十四日夜に親鸞が聖徳太子から受けた夢告、②正治二年（一二〇〇）十二月に親鸞が無動寺大乗院で如意輪観音から受けた夢告、そして、③建仁元年（一二〇一）四月五日に六角堂の参籠でうけた夢告の、三つの夢告が記されています。古田武彦氏はこれを真作と主張され（『親鸞思想』冨山房、一九七五年）、それに同調する見解もかなり出たのですが、山田雅教氏のみごとな論文によって、この史料が江戸時代中後期に偽作されたものであることが解明されました（「伝親鸞作「三夢記」の真偽について」『高田学報』七五、一九八六年）。

建久二年と正治二年の夢告は歴史的事実ではありません。江戸時代に創作された「おはなし」です。そのため、本書では二つの夢告には論及しませんでした。奇異に思われるといけませんので、念のため申し添えておきます。

第二章　延暦寺からの出奔

恵信尼の手紙

本章では、親鸞が延暦寺を飛び出して法然の弟子となった、その経緯についてお話しします。最初の表題を「恵信尼の手紙」としました。恵信尼（一一八二～？）は親鸞の奥さんで、親鸞より九歳年下になります。恵信尼消息は大正十年（一九二一）に西本願寺の宝庫から発見されました。この一〇通ほどの手紙は、親鸞の研究史上きわめて重要な意味をもっています。第一に、これによって親鸞の実在性が確定しました。親鸞が実在したことなど当たり前と思われるかもしれませんが、研究者はすべてを疑います。鎌倉時代の宗門外の史料に親鸞の名が出てきません。そのため、親鸞は本願寺が作り出した架空の人物ではないか、という疑問をもつ研究者もいました。この手紙の発見によって、そうした疑問はほぼ解消されました。

第二は、この恵信尼の手紙は親鸞の生身の姿を、鮮やかに私たちに伝えてくれています。

「宗祖親鸞」とは違った人間親鸞のあゆみを、うかがい知ることができます。恵信尼消息の発見は、親鸞のあゆみを歴史的に考察するうえで決定的な重要性をもっています。でも、恵信尼の手紙に親鸞のエピソードがなぜ詳しくつづられているのかというと、それには訳があります。それは親鸞の臨終と関わっていました。

親鸞は弘長二年（一二六二）十一月二十八日に亡くなります。息子の益方《ますかた》、娘の覚信尼や、顕智などの高弟に見守られて亡くなるのですが、父を看取った覚信尼は越後の母（恵信尼）に、親鸞が亡くなったことを報告します。この手紙は残っていませんが、それに対し、恵信尼は返事を出しました。その冒頭に、次のように記しています。

昨年《こぞ》の十二月一日の御文、同二十日余りに、たしかに見候ぬ。何よりも殿の御往生《わうじやう》、中々、はじめて申に及ばず候。

「あなたが昨年十二月一日に書かれたお手紙、十二月二十日過ぎに確かに拝見しました」。親鸞は十一月二十八日に亡くなっていますので、娘の覚信尼はその三日後に手紙を送ったことになります。重要なのは、その次の一節です。「何にもまして、殿（親鸞）が往生されたことは、今更わざわざ言うまでもありません」と、述べています。「殿」は親鸞のことです。後半部にも、次の文章が見えます。

されば御臨終《りんず》はいかにもわたらせ給へ、疑ひ思ひまいらせぬうへ、同じ事ながら、益《ます》

方《かた》も御臨終にあいまいらせて候ひける、親子の契《ちぎ》りと申ながら、深くこそ覚え候へば、うれしく候、く。

「臨終の様子がどのようであったにしても、殿が極楽往生されたことは疑うことができませんし、息子の益方も臨終に立ち会えたのは、親子の契りとはいえ、やはり深い縁だったと分かり、たいそう嬉しく思います」。親鸞の往生は疑問の余地がないと恵信尼は繰り返し諭していますが、その文章は、むしろ親鸞が安らかな臨終を迎えたのではないことを示唆しています。

中世では一般に、極楽往生することができたかどうかは、死に様で判断しました。臨終正念《しょうねん》といって、安らかな臨終を迎えたかどうかで往生の可否を判別しています。特に往生の場合は、いろんな奇瑞が現れました。栴檀《せんだん》のような、かぐわしい異香がする。音楽が聞こえ、空には紫雲がたなびき、三日たっても腐爛しない。こうした奇瑞があると、往生したとみなされました。もちろん、実際に音楽や紫雲・異香を体験することは滅多にありませんが、夢でもかまいません。親鸞が書写した『西方指南抄』という書物には、法然が亡くなった時に、人々が見た奇瑞の夢を集めています。このように、中世の一般的な浄土教の理解では、臨終のありようで往生したかどうかを判断していました。

それに対し法然や親鸞は、往生と臨終正念を切り離そうとします。法然は、日ごろ唱える念仏で極楽往生が実現すると説きましたし、親鸞は一念信で往生が決定《けつじょう》すると主張しました。臨終の奇瑞で往生の可否が決まるのではなく、日常の念仏や信心で往生が決まると述べています。とはいえ、社会の大勢はやはり臨終で判断していました。覚信尼は、親鸞の臨終が安らかなものでなかったということで、母への手紙のなかで「お父さんは本当に極楽往生したのだろうか」と疑問を洩らしたのでしょう。それに対して恵信尼は、「お父さんが極楽往生されたのは間違いない」と断言し、そう確信するようになった理由を説明してゆくわけです。親鸞がどういう人物であったのか、その人となりを話して、娘の不安を解消しようとします。そのおかげで、私たちもまた、親鸞がどういう生き方をし、どういうあゆみをしたのか、その人間的な姿をうかがい知ることができるわけです。

さて、恵信尼はこの手紙のなかで、二つの話をしています。一つは親鸞が観音の化身だという話、もう一つは、親鸞が六角堂に百日参籠し、夢告を得て法然の弟子となった話です。このうち前者は、次のような内容です。

常陸国下妻《しもつま》の幸井郷《さかいのごう》（茨城県下妻市坂井）にいた時に、恵信尼は夢を見ます。お堂の落慶供養のようで、堂の前に仏像が懸けてある。そこで仏の名を聞くと、誰かが「光輝く仏様は法然上人、勢至菩薩です。もう一体は観音様、善信御房（親鸞）です」と答えます。それを聞いて、恵信尼はびっくりして目が覚めました。親鸞が観音の化身だという夢の話は誰にも話しませんでしたが、その後は、親鸞のことをただ人ではないと思うようになった、とのことです。

恵信尼はこの話を娘にして、だから臨終の様子がどうであれ、往生は疑いがない、と娘を諭しています。

六角堂の参籠

もう一つは、六角堂での夢告の話です。恵信尼の手紙によれば、親鸞は建仁元年（一二〇一）二十九歳のときに京都の六角堂に参籠します。そして九十五日目の明け方に夢のお告げを得ました。その情景を読んでみましょう。

山を出でて、六角堂に百日こもらせ給て、後世《ごせ》を祈らせ給けるに、九十五日のあか月、聖徳太子の文《もん》を結びて、示現《じげん》にあづからせ給て候ければ、やがてそのあか月いでさせ給て、後世の助からんずる縁にあいまいらせんと、訪ねまいらせて、法然《ほうねん》上人にあいまいらせて、又、六角堂に百日こもらせ給て候けるやうに、又、百か日、降《ふ》るにも照《て》るにも、いかなる大事にも参りてありしに、たゞ、後世の事は、善《よ》き人にも悪《あ》しきにも、同じやうに、生死《しょうじ》いづべき道をば、たゞ一筋に仰せられ候しを、うけ給はり定めて候しかば、上人《しょうにん》のわたらせ給はん所には、人はいかにも申せ、たとひ悪道にわたらせ給べしと申とも、世々生々《せぜしょうじょう》にも迷いければこそありけめ、とまで思まいらする身なればと、やうやうに人の申候し時も仰《おお》せ候しなり。

「殿（親鸞）は比叡山を出て、六角堂に百日参籠されて、後世をお祈りになったところ、九十五日目の暁に、聖徳太子が偈文をつくって示現されたので、すぐにその明け方に六角堂をお出になった」。明け方にそのまま六角堂を飛び出しているところに、親鸞の興奮が伝わってきます。「後世を助けてくれる縁に出会いたいと、お訪ねして法然上人に巡り会った」。親鸞は最初から法然のもとに向かったのではなく、この夢告の意味をきちんと説明してくれる師匠を捜し求めて、法然に出会うわけです。そして、「六角堂に百日参籠されたように、また百日間、雨の時も、日差しが照りつける時にも、どんな大事なことがあっても、法然上人のもとに通いました」。

そして親鸞は、法然の教えを聞いて確信をもちます。「ただ来世のことは、善人であっても、悪人であっても、同じように往生できる道を、ただ一筋に説いておられるのをお聞きして、確信をもったので……」。この一節は重要です。短い文章ですが、法然の思想のポイントをみごとにつかんでいます。詳細は第六章でお話ししますが、これまでの浄土教の教えは、どちらかというと、悪人や凡夫といった出来の悪い人のための宗教でした。悪人には悪人用の簡便な教えがあり、善人には善人用の教えがあって、だんだん階梯を踏みながらレベルをあげてゆく、これが顕密仏教の考えでした。それに対し法然は、浄土門の対機《たいき》の普遍化、つまり救済対象の普遍化を図りました。そして浄土の教えは悪人だけのものではなく、すべての人間のためのものだ、と主張します。その主張の根底には、すべての人間の機根《きこん》（人間的資質）はその本質において平等であり、みんな平等に「愚者凡夫」である、という法然独自の考えがありました。

「善き人にも悪しきにも、同じやうに、生死いづべき道をば、たゞ一筋に仰せられ候しを」というこの一節は、短い文章ではありますが、法然の教えの核心を突いています。

こうして親鸞は、法然に絶大な信頼を寄せます。「「法然上人のいらっしゃる所であれば、誰が何と言おうとも、たとえ〝地獄に堕ちられるに違いない〟と人が言っても、私は付いて行く。遠い過去の世からずっと迷ってきたのだから、地獄に堕ちても後悔しない」。人があれこれ非難した時も、殿（親鸞）はこのようにおっしゃいました」、と述べています。私は親鸞と恵信尼が出会ったのは越後だと考えていますので（後述）、最後のやりとりは越後での話だと思います。「地獄に堕ちても後悔しないのだから、流罪ぐらいで後悔することはない。これからも私は法然上人に付いて行く」との意でしょう。ともあれ、恵信尼文書は、親鸞という人物の個性を非常にリアルに描いています。*

＊山本摂「恵信尼文書再読」（『行信学報』一〇、一九九七年）は、前に掲げた恵信尼消息での

「き」(直接体験)、「けり」(間接体験) の用法から、

(1)親鸞が「いかなる大事にも参りてありし」姿

(2)法然が「生死いづべき道をば、たゞ一筋に仰せられ候し」姿

(3)親鸞が法然の教えを「うけ給はり定めて候し」姿

(4)「やうやうに人の申候し」姿

(5)親鸞がその非難に対して「仰せ候し」姿

以上の五例は恵信尼が直接確認したものと考えるべきだと指摘し、親鸞が法然のもとに通っていた時期に、親鸞と恵信尼はすでに出会っていたとする古田武彦説を補強している(古田『わたしひとりの親鸞』毎日新聞社、一九七八年)。近年は山本説を支持する論者も増えているが、第四章で述べるように、私は恵信尼が越後の在庁官人の娘であり、親鸞とは流罪中に知り合ったと考えている。この恵信尼消息についていえば、(4)「やうやうに人の申候し」姿、(5)親鸞がその非難に対して「仰せ候し」姿は、確かに恵信尼が直接見聞したものであるが、(1)~(3)は親鸞の発言を直接話法で記述している部分であり、それらはいずれも親鸞の直接体験と解するべきである。恵信尼の説明が途中で、間接話法から直接話法に変わっているところに、混乱の原因がある。なお、沙加戸弘「『恵心御房文書』管見」(大谷大学真宗総合研究所編『親鸞像の再構築』筑摩書房、二〇一一年)は、敬語表現の構造から話法の転換を論証し、私と同じ結論に至っている。ただし、氏は(5)の発言を流罪以前と解しており、その点は意見を異にする。

行者宿報偈

ところで、親鸞は何に悩んでいたのでしょうか。恵信尼の手紙では、参籠の際「後世を祈らせ給ける」とあるだけで、具体的なことは記していません。それを解き明かす手がかりとなるのが、この時の夢告「行者宿報偈《ぎょうじゃしゅくほうげ》」「女犯偈《にょぼんげ》」です。これが延暦寺からの出奔と、法然への帰参を決定づけたのですから、それを検討すれば親鸞の悩みが浮かび上がってくるはずです。重要な夢告ですので、一緒に読んでみましょう。

六角堂の救世《くぜ》大菩薩は顔容端政《たんしょう》の僧形を示現《じげん》して、白き納《のう》の御袈裟《けさ》を服着せしめて、広大の白蓮《びゃくれん》に端座して善信に告命《こうみょう》して言わく、

　行者、宿報にて設《たと》い女犯すとも
　我、玉女の身となりて犯せられん
　一生の間、能《よ》く荘厳して
　臨終に引導して極楽に生ぜしめん　文

救世菩薩、この文を誦《ず》して言わく、「この文は吾《わ》が誓願なり。一切群生《ぐんじょう》に説き聞かすべし」と告命したまえり。この告命によりて、数千万の有情《うじょう》にこれを聞かしめんと覚えて、夢悟《さ》め了《おわ》んぬ。

訳しますと、「六角堂の救世観音は端正な容貌の僧侶となって現れ、白い衲袈裟を身に

つけ大きな白蓮にお座りになって、私に次のようにお告げになった」。「納の御袈裟」は正しくは衲袈裟です。多くの色や形の布地を縫い込んだ袈裟で、高僧が着用したものです。「善信」は親鸞のことです。ここから偈が始まります。「修行僧よ、お前が宿報のために、どうしても女犯せざるを得ないのなら、私が美しい女性となってお前に犯されよう。そしてお前の生涯を荘厳し、臨終に際しては極楽往生へと導こう」。こういうお告げです。偈の最後に小さく「文」と記してあるのは、引用の終わりを示す漢文の記号です。観音のお告げがここで終わっていることを示しています。「救世観音はこの偈を唱えて、「これは私の誓願だ。これをすべての人々に説き聞かせなさい」とお命じになった。そこで私はその言葉に従って、数千万の人々にこれを説き聞かせようと決意したところで、夢がさめてしまった」。

なかなか、艶めかしい内容ですね。赤松俊秀『親鸞』はここから、当時の親鸞の悩みは「性欲の悩みであった」と述べています。また、親鸞が建永の法難で越後に流罪になったのも、その原因は公然と妻帯していたからだ、と言われることも多いです。これは正しいのでしょうか。

いずれも、考えられない話です。なぜかというと、こうした主張は、当時の顕密仏教界で妻帯が禁じられていたことを議論の前提にしています。でも、その前提が誤っているのです。

顕密僧の妻帯

歴史をひもときますと、確かに九世紀末までは僧侶の密懐は処罰されています。たとえば高橋公輔《きみすけ》という人物は、もともと延暦寺の僧侶でしたが、仁寿年間（八五一～八五四）に皇太子の乳母と密通して還俗処分をうけています。また、寛平八年（八九六）には清和天皇の后であった皇太后藤原高子《たかいこ》が、僧と密通して妊娠しました。その結果、皇太后高子は廃され僧侶は流罪になっています。このように九世紀末までは、僧侶が女性問題で処罰された事例を確認することができます。ところがこれ以後、顕密僧の妻帯は野放しとなりました。十六世紀末に豊臣秀吉が顕密寺院の女犯・妻帯を禁止します。長谷寺・鞍馬寺から妻帯僧を追放し、これ以降、顕密寺院で再び妻帯が禁じられるようになりますが、十世紀から十六世紀末までは妻帯が常態化していました。

そもそも中世の法律では、僧侶の子に財産相続権を認めています。そのため、顕密仏教界では「真弟相続《しんていそうぞく》」といって、お寺の実子相続が盛んに行われました。たとえば親鸞が延暦寺で堂僧であったころ、天台宗の第一人者として活躍していたのは澄憲《ちょうけん》（一一二六～一二〇三）という僧侶です。彼は安居院《あぐい》流という唱導の一派を創始するのですが、この延暦寺の安居院流は天台宗の名門として、室町時代中期まで一貫して実子相続されています。特に澄憲には一〇人の子がおり、しかもそのうち二人は皇后高松院《たかまついん》との間の子です。二条天皇が亡くなっていたとはいえ、澄憲は皇后との間に二人の子を儲けていて、しかもこの話は貴族社会で周知のことでした（『玉葉』建久二年四月二十四日条）。でも、澄憲は相変わらず、天台宗の第一人者として活躍しています。夫である天皇の没後に僧侶と通じたという点で、皇太后藤原高子と高松院とはまったく同一事案です。しかし、澄憲にも高松院にも何の処罰もありません。三〇〇年のうちに時代は大きく変化しました。

延暦寺だけではありません。元久二年（一二〇五）に興福寺が朝廷に専修念仏の弾圧を要求しますが、その時の興福寺別当は雅縁《がえん》大僧正（一一三八〜一二二三）です。土御門通《みち》親《ちか》の同母兄で、後鳥羽院の信任があつく興福寺別当を四度つとめた南都仏教界の大物ですが、彼は、実の娘を後鳥羽院の女房や順徳天皇中宮の女房として出仕させています。興福寺のトップの僧に実の娘がいることは、貴族社会では誰もが知っていることでした。

さらに最勝講をみてみましょう。これは非常に重要な年中行事でして、顕密諸宗の僧侶が内裏に集い、天皇の御前で『金光明《こんこうみょう》最勝王経』についての討論を繰り広げるものです。顕教法会のなかで最も格の高いイベントですが、元久二年（一二〇五）の最勝講の記録をみると、聴衆《ちょうじゅ》（質問役）に選ばれた僧侶の親の名が記されています（宗性『元久二年最勝講問答記』）。それによれば、聴衆一〇名のうち六名が僧侶の子です。これに選抜されたのは権門寺院の若手エリートばかりですが、今やその六割が僧侶の子でした。鎌倉初期の段階で、顕密僧の妻帯はここまで広がっています。戒律は祈禱の有効性とも関わっていたので、密教系では妻帯しない僧侶もいましたが、顕教系は妻帯が普通となりました。

僧侶の妻帯がなぜ野放しになったかというと、これは王家の仏教熱と関わっています。宇多・花山・白河・鳥羽・後白河のように、上皇が出家・受戒したり、伝法灌頂を受けて本格的な密教僧となる事例が増えています。ところが困ったことに、彼らはいずれも出家の身で子を儲けました（**表7**）。宇多や花山法皇の場合は体裁が悪いということで、他の天皇の子ということにしてゴマカシましたが、白河法皇からは隠すことすらしていない。しかも、宇多・花山法皇とは異なり、白河・鳥羽・後白河法皇は出家後も王家の家長として俗権を振るいました。院政を行った最高権力者がいずれも出家後に子を儲けて、それを恥じる意識すらなくなっています。もは

表7　法皇とその子

法皇の名	出家の年	出家後に誕生した子
宇多	昌泰２（899）	雅明
花山	寛和２（986）	昭登、清仁、覚源、深観
白河	嘉保３（1096）	官子、行慶、円行
鳥羽	保延７（1141）	頌子
後白河	嘉応１（1169）	覲子

や処罰はあり得ません。顕密僧が妻帯を憚らなくなったのも当然です。

このように、妻帯している顕密僧は無数にいました。澄憲やその子聖覚のように延暦寺僧として出世する一方、妻帯して子をもち、最後は子に院家を継がせるというのが、鎌倉時代の平均的な顕密僧の姿です。こうした実態を考慮に入れると、結婚のために親鸞が延暦寺を出奔するなどといったことは、とうてい考えられません。ましてや、親鸞が妻帯をしていたから流罪になったということも、あり得ない話です。

赤松俊秀氏が『親鸞』を書かれたころは、顕密僧の妻帯の実態が明らかになっていませんでした。そのため、赤松さんがそういう解釈をされたのにも、無理からぬものがありますす。でも、中世の顕密僧が妻帯していたというのは、今では研究者の間では常識に属することです。それだけに、親鸞が「公然」と妻帯したのは「革命的」だ、などといった話を、いまだに公言している歴史研究者がいるのは、とても残念です（松尾剛次『親鸞再考』）。そもそも「公然」と妻帯するというのは、どういうことでしょうか。中世には戸籍制度がありません。結婚したからといって、どこかに届けるわけでもありません。である以上、どういう要件を満たせば「公然」と妻帯することになるのか、きちんと説明していただくことが必要です。

ちなみに、東大寺は元暦元年（一一八四）に、尊覚という寺僧の財産相続をめぐる争いに、判決を下しました（『平安遺文』四二一四号）。この裁判の当事者は、弟子と、四人の子と、尊覚の後妻です。その判決内容は、彼の財産のうち、

(1)東大寺の坊舎は弟子が相続する

(2)先祖相伝の財産は後妻と子たちで相続する

というものです。妻帯が公的に認められていなければ、東大寺の僧侶であった尊覚の財産はすべて弟子が相続するはずです。実子や後妻への財産相続は否定されて然るべきです。しかし、そんなことにはなっていない。そもそもこの裁判は、尊覚の子が東大寺に訴えたものです。東大寺は、東大寺の僧侶が結婚して妻子をもつこと、そしてその妻子に財産を相続させることを「公然」と容認していました。そして、そのことが広く知れ渡っていたため、尊覚の子たちは東大寺の法廷に訴訟を持ち込んだのです。白河・鳥羽・後白河法皇のように、中世の権力者は出家後に「公然」と子を儲けましたし、中世の顕密仏教界でも妻帯は「公然」と認められていました。

「親鸞」の誕生

それでは親鸞はなぜ延暦寺を下りたのでしょうか。赤松俊秀氏は、「行者宿報偈」の中身を、妻帯の許可と解して、親鸞の悩みを性欲の悩みと考えました。私は赤松さんの主張

には、問題が二つあると思います。一つは今、お話ししました顕密僧における妻帯の広がりです。もう一つの問題は「行者宿報偈」の理解です。「行者宿報偈」は妻帯を許可したものなのでしょうか。

「行者宿報偈」を理解するうえで、欠かすことのできない史料があります。『覚禅鈔《かくぜんしょう》』如意輪観音の記事です。『覚禅鈔』というのは、東密《とうみつ》・真言密教の書物でして、平安時代の末ごろに覚禅という僧侶が編纂したものです。ここに「行者宿報偈」と非常によく似た話が出てきます。大谷大学の名畑崇《なばたたかし》先生が発見されたものですが、次の史料です。

本尊、王の玉女に変ずる事
また云わく、「もし邪見《じゃけん》の心を発《おこ》し、淫欲熾盛《いんよくしじょう》にして世に堕落すべきに、如意輪、われ王の玉女となりて、その人の親しき妻妾《さいしょう》となり、共に愛を生じて一期生《いちごしょう》の間、荘《しょう》厳《ごん》すること福貴《ふうき》を以てせん。無辺の善事を造らしめて、西方の極楽浄土に仏道を成ぜしめん。疑いを生ずること莫《なか》れ」と云々。

これは如意輪観音が美しい女性に変身する話です。「世に堕落《だらく》すべき」とありますが、「堕落」「落堕」は女犯妻帯のことです。訳しますと、「修行僧の性欲が非常に強く、よこしまな考えを懐いて、女犯妻帯しなければならないのであれば、如意輪観音は美しい女性となってその人の奥さんになり、二人は共に愛しあって、一生の間、豊かに暮らさせよう。そして無数の善根を積ませて、最後は極楽浄土に往生させるだろう」。そういうお話です。

二つの話を比べると、中身がたいへんよく似ています。観音が美しい女性に変身して修行僧の妻となり、最後は彼を極楽往生させる。救世観音と如意輪観音の違いがあるものの、二つの話は筋立てがそっくりです。内容が類似しているだけでなく、言葉もよく似ている。「玉女《ぎょくにょ》」や「荘厳《しょうごん》」はどちらにも出てきます。「一生」と「一期生」もよく似ている。これは何を意味するのでしょうか。

考えられることはただ一つ、この『覚禅鈔』の話をもとにして、「行者宿報偈」ができたのです。親鸞は六角堂で「行者宿報偈」を受けましたが、それ以前から如意輪観音のこういう話を事前に知っていた。知っていたから、ほぼ同じような話を夢のお告げとして受けることができたのです。

大切なのはここからです。親鸞は以前から如意輪観音の話を知っていました。ところが、その時点では行動を起こしていません。親鸞が延暦寺を出奔したのは「行者宿報偈」を受けた時であって、如意輪観音の話を知った時には何もしていない。なぜ如意輪観音の話ではダメで、「行者宿報偈」で出奔することになったのでしょうか。このことが分かってはじめて私たちは、親鸞の悩みに触れることができるはずです。

しかも「行者宿報偈」では、救世観音はこの誓願を一切衆生に説き聞かせるよう、命じています。また、親鸞もその伝道に生きようと決意しています。でも、この「行者宿報偈」の内容が妻帯の許可なら、そんな布教に何の意味があるのでしょうか。いかに仏教とて、俗人の妻帯を禁じていません。禁じられてもいない人々に向かって、妻帯が許された話をすることに、何の意味がありますか。観音は親鸞に無意味な布教を命じ、親鸞も無意味な伝道に生きることを決心したのでしょうか。そんなことはないはずです。つまり「行者宿報偈」は妻帯の許可ではないのです。

では、それは何なのか。親鸞はなぜ、如意輪観音の話を知った時ではなく、「行者宿報偈」を得た時に延暦寺を飛び出したのか。それを理解するには、二つの話の相違点に着目しないといけない。その違いが分かってはじめて、この問いに応えることができるのであり、「行者宿報偈」の中身を正確に理解することができるのだろうと思います。

では、どういう違いがあるのでしょうか。如意輪観音の話では、「淫欲熾盛」や「邪見の心」が原因で女犯妻帯に至るとされています。抑えようと思えば抑えられるのですが、意志が弱いためにそれができない、こういう意志薄弱な男に対し、妻帯を許可するというのが『覚禅鈔』の話です。

ところが「行者宿報偈」では、「女犯」は「宿報」とされています。彼の女犯は運命なのです。どんなにあがいても、逃れることのできない宿命として、女犯が位置づけられています。だけど、実際には女犯が宿命であるはずがない。そんなものが運命であるはずがありません。ということは、ここで語られている「女犯」は、本当は女犯のことを指しているのではないのです。

親鸞が「女犯」を「宿報」と表現した時、「女犯」は比喩、暗喩になりました。「女犯」は、本人の意志を超えた普遍的で絶対的なあらゆる罪業の象徴表現と化したのです。その結果、意志薄弱な男に対する女犯の許可という如意輪観音の話は、普遍的人間における罪と救済のドラマへと昇華されました。「行者宿報偈」は女犯の許可ではありません。あらゆる人間が背負う普遍的で絶対的な罪業への赦しの世界、これが親鸞を法然のもとへと衝き動かしたのです。

私たちは、否応なしに罪業を犯さざるを得ません。やりたくないと思っていても、社会で生きてゆく限り、イヤなこともやらざるを得ません。私たちは自分のためだけに生きているのではない。子や家族・友人に対する責任もあれば、社会のさまざまな組織のなかで無数の責任を背負っています。市民・国民としての責任や、人間としての責任もあります。自分のためだけに生きているのであれば、やりたくないことは、やらなければよい、話は単純です。でも、子をもち、家族をもち、友人・仲間や部下をもてばもつほど、私たちの生き方はむずかしくなります。私が何かをした時、それははたして私が望んでやったことなのでしょうか、それとも私が背負っているモノ（煩悩）が、私にやらせたことなのでしょうか。私たちは自由なように見えますが、実際は煩悩の奴隷なのかもしれません。

こんなことまでして、生きてゆかなければならないのか、そう慨嘆したくなる瞬間が誰にでも訪れるはずです。そうです。私たちは「こんなこと」まで否応なしにやりながら、社会のなかで生きているのです。そして「こんなこと」、つまり私たちが犯さざるを得ない罪業の象徴表現として「女犯」が登場しています。私たちは生きてゆくために「こんなこと」までやらざるを得ませんが、しかしそういう苦悩を背負った存在であるがゆえに、私たちはまた赦される。そういう思想が「行者宿報偈」には見えています。親鸞の悪人観、私たちは否応なく悪人たらざるを得ない、しかし、それゆえに私たちは阿弥陀仏によって救済されるのだという、親鸞の悪人観のまさに原型ともいうべきものが、この「行者宿報偈」のなかに登場しています。

親鸞は六角堂の参籠で新しい啓示を受けました。「親鸞思想の原型」ともいうべきものを、親鸞はこのとき手に入れたのです。だから親鸞は延暦寺を飛び出した。直感的に得たこの啓示は、何を意味しているのか、どのようにすればそれを普遍的なことばに昇華させることができるのか。そのことを説明してくれる師を探し求め、ついに法然と巡り会います。

もう一つ大切なことがあります。「行者宿報偈」の最後で、救世観音はこの誓願を一切群生に説き聞かせるよう命じ、親鸞もその伝道に生きることを決意しています。そして実際、親鸞は誓願の布教に生涯を懸けました。流罪が赦免された後、京都に戻ることなく、親鸞は東国伝道に赴いています。「行者宿報偈」は親鸞思想の原型であっただけではありません。親鸞の生涯をも決定づけるような夢のお告げであったのです。

親鸞は何に悩んで六角堂に参籠したのか、答えはおのずと明らかでしょう。そうです。親鸞はこの時に「親鸞」になった、私はそう思います。「親鸞」はこの時に誕生したのです。六角堂の参籠とは、親鸞思想が誕生する産みの苦しみに他なりません。建仁元年（一二〇一）、親鸞二十九歳の時のことです。

法然のもとで

親鸞は建仁元年の夢告で、法然と巡り会いました。法然（一一三三～一二一二）は美作国（岡山県）の武士の出身です。幼い時に武士団の抗争で父を亡くして、地元の寺に入ります。十三歳で延暦寺にのぼり、十五歳で出家・受戒しています。しかし十八歳の時に遁世して聖《ひじり》となり、比叡山黒谷の叡空《えいくう》に師事しました。そして安元元年（一一七五）四十三歳の時に、善導《ぜんどう》の『観経疏《かんぎょうしょ》』という書物に触発され、浄土教の新しい教えに目覚めます。

文治二年（一一八六）京都郊外の大原に隠棲していた延暦寺顕真の招きで浄土教を論じ、これで一躍名声を博します。やがて摂関家の九条兼実と交流をもつようになり、建久九年（一一九八）兼実の依頼で『選択本願念仏集』を撰述しました。これまでの古い浄土教の考えを批判し、新しい教えを大胆に提起したところに特徴がありますが、特に法然が「貧窮困乏」「愚鈍下智」の人々の救済に心を砕いているところが、たいへん印象的です。

　さて、親鸞が弟子となった建仁元年のころは、法然門下が急速に拡大していた時期です。法然の社会的影響力が急激に増していました。そういうなかで親鸞は法然から『選択集』の書写を許されます。入室して四年目、元久二年（一二〇五）のことです。

　当時、『選択集』は公開されていません。激しい毀誉褒貶が予想されたため、この本を非難する人が悪道に堕ちるのを防ぐためだといって、法然は『選択集』を非公開にしました。弟子への手紙でも、法然は臆病といえるほど慎重な姿勢をとっています。大胡《おおごの》太郎実《さね》秀《ひで》という武士に宛てた消息では、その最後に「御披露あるまじく候。御覧《ごろう》じ心得させ給ひて後には、とくとく引き破《や》らせ給ふべく候（この手紙を公開してはならない。手紙の内容を理解すれば、すぐにこの手紙を破棄して処分しなさい）」と申し置いています。

　もともと法然は、こういう秘密主義はとっていなかった。教えを乞われれば、誰に対しても、自分の考えをおおらかに説いていました。ところが、建久五年（一一九四）に禅宗が弾圧されます。勅許なしに新宗をたてたということで延暦寺が訴え、朝廷がそれを認めて禅宗を禁じました。禅宗と専修念仏は、治承《じしょう》・寿永《じゅえい》の内乱後、ともに急速に発展したのですが、一方の禅宗が弾圧されて、壊滅的な打撃をうけています。法然はその経緯を目の当たりにしました。しかも、勅許なき立宗は法然にも当てはまります。普通に布教を行えば、禅宗の二の舞になるのは目に見えています。そこで法然は秘密主義に転じ、弟子にも慎重な言動を求めるようになりました（拙著『法然』山川出版社、二〇一八年）。『選択集』の非公開はその一環であり、源智・証空・幸西・隆寛や弁長など、ごく少数の弟子にしか書写を許していません。それだけに、親鸞は『選択集』の書写に大いに感激しました。親鸞は『教行信証』後序《ごじょ》で書写の経緯を記し、「悲喜の涙を抑えて由来の縁を註す（感激の涙にくれながらその事情を記した）」と述べていて、『選択集』を付属された感激を率直に表明しています。

また、『選択集』の書写を許された元久二年、親鸞は夢告によって「綽空」の名を改めています。親鸞の名前の変遷は、むずかしい問題ですが、私は表8のように考えています（瀧弘信『親鸞改名の研究』法藏館、二〇一九年）。出家した時の名が、範宴であったことは先にお話ししました。建仁元年（一二〇一）の「行者宿報偈」では、親鸞のことを「善信」と呼んでいます。延暦寺時代から「善信」と呼ばれていたことが分かりますが、恵信尼や

表8　親鸞の名前の変遷

元　号(西暦)	年齢	房　号	字	実名	備　考
養和1(1181)	9歳	善信房	×	範宴	日野有「範」＋師の「宴」
建仁1(1201)	29歳	善信房	×	綽空	道「綽」＋源「空」
元久2(1205)	33歳	善信房	×	親鸞	天「親」＋曇「鸞」
建永2(1207)	35歳	藤井善信			強制還俗
承元5(1211)	39歳	善信房	愚禿	親鸞	承元奏状、非僧非俗、流罪赦免

＊「×」は存在しなかったことを表す。

親鸞の消息でも「善信」「善信の御房」と見えていて、この「善信」は生涯を通じて使われています。これを房号と考えてよいでしょう。つまり延暦寺時代は善信房範宴と名のっていたのですが、法然のもとに弟子入りした時に、法然房源空の「空」の字をもらって、善信房綽空と名づけてもらった。それが『選択集』の書写を許されて間もなく、綽空を改めたとのことですので、この時から善信房親鸞と名のったことになります。しかし建永の法難で還俗させられ、「藤井善信」との俗名を与えられましたが、承元の奏状以後は愚禿親鸞と名のっています。

このように、親鸞は法然の信任を得て、『選択集』の書写と「親鸞」と名のることが許されました。法然のもとでの生活はわずか六年に過ぎませんが、親鸞にはさぞかし濃密な時間だったろうと思います。しかし親鸞が法然のもとで頭角を現してきたころ、法然とその周辺にはきな臭い動きがたちこめていました。法然門下の急速な拡大は、顕密仏教との摩擦・軋轢をもたらし、やがて専修念仏の弾圧につながってゆきます。

第三章　建永の法難と親鸞

存覚『破邪顕正抄』

本章では建永の法難（一二〇七年、承元の法難）についてお話しします。親鸞の玄孫（四代目の子孫）に存覚（一二九〇～一三七三）という人物がいます。『親鸞伝絵』を著した覚如の息子です（一〇頁**図1**）。鎌倉末から南北朝時代に活躍した学僧でして、数多くの著作を残しました。そのなかに、仏光寺了源の要請で執筆した『破邪顕正抄《はじやけんしようしよう》』（一三二四年成立）という作品があります。少し変わった体裁の書物で、書き出しが「専修念仏の行人某《それがしらつつしん》等　謹で言上《ごんじよう》」となっており、朝廷への訴状のかたちをとっています。一七箇条にわたって専修念仏への誹謗中傷に反論していて、私たちが弾圧される謂れはない、と主張しています。この作品は鎌倉時代の末期に、専修念仏の信徒がどのような社会的境遇のなかで生きていたのか、そのことをよく示しています。

本書の主眼は「もとのごとく本宅に還住《げんじゆ》して念仏を勤行すべきよし、裁許をかうぶらん」という点にあります。自宅に帰って念仏を唱えてもよい、という朝廷の安堵がほしいと懇請しています。つまり彼らは住宅追放にあっているわけです。そして次のように述べています。

あちこちで念仏行者の堂舎を破壊したり、言いがかりをつけて念仏者に嫌がらせをしている。阿弥陀仏の絵像や木像は外道のものだといって足蹴にし、浄土の教えを説いた聖教も、外道の教えだといって唾を吐いて破り捨てる。顕密の僧侶たちは多くの暴徒を率いて、念仏の行者の住宅を襲撃している。しかし行者はいったい何の罪を犯したというのか。私たちは合戦の罪に問われるのを怖れ、また極楽往生を願うがゆえに、自主的に自宅を退去して、今このように穏やかに朝廷に訴えているのです。

話は深刻です。専修念仏を襲撃して、自宅から追放する動きがあちこちで起きているのです。でも、それに抵抗すれば喧嘩になって、合戦の咎に問われます。そのため、無抵抗を貫いて自発的に自宅を退去し、そのうえで朝廷に訴えているのです。これだけひどい仕打ちを受けたにもかかわらず、襲撃者の処罰を求めていません。ただ、自宅に戻らせてほしい、と懇願しているだけです。専修念仏の立場の弱さが、端々にうかがえます。後醍醐天皇の倒幕計画が頓挫した正中の変（一三二四年）が起きたころの話です。

同じような話は、親鸞の消息にも出てきます。康元二年（一二五七）と思われる正月九日付真浄宛ての手紙に、次の一節があります（『親鸞聖人御消息集』一二）。

さては念仏の間の事によりて、所せきやうに承《うけたまわ》り候。返すぐ、心苦しく候。詮ずる処、その所の縁ぞ尽きさせ給ひ候らん。念仏をさへらるなんど申さんことに、ともかくも歎きおぼしめすべからず候。念仏とどめん人こそ、いかにもなり候はめ。申し給ふ人は何か苦しく候べき。余の人々を縁として、念仏を広めんと計らひあはせ給ふこと、ゆめゆめ、あるべからず候。その所に念仏の広まり候はんことも、仏天の御計《おんはか》らひにて候べし。（中略）その所の縁尽きておはしまし候はば、いづれの所にても移らせ給ひ候ておはしますやうに御計らひ候べし。

「さて、念仏の問題で窮地に陥っているとお聞きしました。とても辛く思います」。東国で念仏弾圧の動きがあって、信者たちは身動きがとれない状態に陥っています。「所せき」は所狭《せま》しの意味で、窮屈で居づらい状態をいいます。それに対し親鸞は「結局のところ、その地に念仏を広める縁が尽きてしまったのでしょう。いずれにしても、念仏を妨げられることを歎いてはなりません。念仏を禁止する人は、その罰でどんなことになるかもしれませんが、念仏を唱える人に何の支障があるでしょうか」と述べています。弾圧されてもジタバタ騒いではならないと誡めています。似たような経験を何度もしているのでしょう。弾圧は当たり前のことであり、騒ぎ立てるようなことではない、と覚悟を求めています。

そのうえで親鸞は、「信者でない権力者を頼って、念仏を広めようと画策することは、決してしてはなりません。その土地に念仏が広まるかどうかは、仏の計らいで決まることです」と述べています。では、弾圧されると、どうすればよいのでしょうか。「その土地の縁が尽きてしまったならば、どこの地でもよい、他所《よそ》に移り住むようにお計らいください」、そう述べています。『破邪顕正抄』では、弾圧に対し無抵抗で退去していますが、親鸞も同様です。

それにしても、専修念仏の信者はなぜこんなに立場が弱いのでしょうか。その原因は一二〇七年の建永の法難にあります。

建永の法難の経緯

まず、建永の法難に至る経緯を概観しておきましょう。**表9**を参照してください。元久元年（一二〇四）の数年前から延暦寺は専修念仏を問題視していましたが、法然は活動の自粛を誓約して事態の沈静化を図りました。しかし、弾圧の動きが本格化したため、元久元年十一月に法然は七箇条制誡を記し、弟子全員の署名をとりつけています（『鎌倉遺文』一四九〇号）。七項目の誡めは次の通りです。

(1)経典を熟知していない者が、真言宗や天台宗を非難したり、諸仏菩薩を誹謗してはな

表9 専修念仏の弾圧年譜

元号（西暦）月日	事項
元久1（一二〇四）11・07	法然が延暦寺に七箇条制誡を提出、親鸞も綽空と署名。
元久2（一二〇五）04・14	親鸞が『選択集』書写、法然の真影図画。⑦・29法然が真影に銘文、綽空を改名。
10・00	興福寺奏状：貞慶が執筆、八宗同心之訴訟、専修念仏には九つの過失あり。
12・29	宣旨：紛争の原因は門弟の浅智にあり、偏執は禁止するが処罰はしない。
元久3（一二〇六）02・00	興福寺が朝廷と交渉。宣旨の改訂、「専修」の語の禁止、法然らの処罰を要求。
建永1（一二〇六）12・00	後鳥羽院の熊野詣。その間に院の女房との「密通事件」が起きる。
建永2（一二〇七）01・24	朝廷が専修念仏禁止の宣下発布を決定。02・09専修念仏僧を逮捕し拷問。
02・10	九条兼実は後鳥羽院に宥免措置を要請。2月上旬に興福寺の奏達。
02・28	太政官符：法然・親鸞・行空ら6名流罪。幸西・証空は慈円が預かる。
承元1（一二〇七）12・08	法然を勅免、帰洛は不可。摂津の勝尾寺へ。↑11・29最勝四天王院の供養恩赦。
承元5（一二一一）春頃	親鸞が弾圧を非難する奏状を提出し「非僧非俗」を宣言。
建暦1（一二一一）11・17	法然・親鸞らの流罪を赦免。
建暦2（一二一二）01・25	法然が没。
09・00	『選択集』の印刷出版。11・23明恵が『摧邪輪』を著す。
建保5（一二一七）05・00	延暦寺大衆解：幸西・空阿弥陀仏らの流罪と余党の処罰を要求。

建保7(一二一九)②・08	官宣旨：僧綱所は専修念仏の糺弾を諸寺別当に下知せよ。
貞応3(一二二四)08・05	朝廷が専修念仏の禁止を宣下。そこに養老の制誡、延喜の符句あり。
嘉禄3(一二二七)06・17	延暦寺三塔集会：専修念仏停止を朝廷に要求。06・21延暦寺が法然墓所を破却。
07・05	綸旨：隆寛・幸西・空阿弥陀仏を流罪、余党も追放。証空は誓状提出で流罪免除。
07・13	太政官符：五畿七道に専修念仏の停止を通告、余党を逮捕せよ。
08・27	検非違使別当宣：山門注文に従い念仏者余党46名を逮捕せよ。
10・15	聖覚ら山門僧綱が関白に専修念仏停止を要請。
12・00	『選択本願念仏集』を禁書とし、その印板を焼却。
天福2(一二三四)06・30	宣旨：専修念仏を禁止し、張本の身阿弥陀仏教雅を流罪。余党を洛外に追放。
文暦2(一二三五)07・14	幕府が専修念仏禁止令：破戒の念仏者は鎌倉を追放。朝廷に取り締り強化を要請。
延応2(一二四〇)05・14	朝廷が専修念仏を禁止し、延暦寺は犬神人に命じ専修念仏者を追却。
弘長1(一二六一)02・20	幕府が専修念仏禁止令：破戒の念仏者は鎌倉を追放。
嘉元1(一三〇三)09・00	幕府が諸国横行の一向衆を禁止　←唯善の奔走と賄賂で親鸞門流は安堵。
徳治3(一三〇八)05・20	院宣：異類異形の破戒念仏僧や法華法門宗は仏法魔障・国家害毒、京都を追放。
元徳2(一三三〇)06・22	延暦寺政所集会事書：専修念仏が充満のため朝廷に追放を奏聞。
正平7(一三五二)②・02	延暦寺が妙顕寺法華堂と一向衆堂仏光寺を破却。
貞治6(一三六七)08・00	西大寺検断規式：一向念仏衆は強盗殺人犯と同じく住宅を破却し追放。

＊00は日付不明、②⑦はそれぞれ閏二月・閏七月を示す。

らない。
(2)無智の者が、有智の人や念仏以外の信者に対して、論争をふっかけるのを止めなさい。
(3)仏法の見解が異なる人や念仏以外の信者を、非難したり嘲笑するのを止めなさい。
(4)極楽往生に戒律は不要であると主張して婬酒食肉を勧めたり、戒律を守っている人を雑行人と嘲笑したり、本願を信じる者は悪を行うことを恐れてはならないと説くのを止めなさい。
(5)無智の者が聖教や師の教えを曲解して論争し、愚人を惑わせ智者に笑われるのを止めなさい。
(6)痴鈍《ちどん》の身でありながら、邪法を布教するのを止めなさい。
(7)邪法邪説を説いて、それを師範の説と偽るのを止めなさい。

顕密仏教との軋轢を回避するため、過激な論争を制止しています。そしてこの誡めには法然のほか、一九〇名の弟子が署名してその遵守を誓いました。親鸞も八七番目に「僧綽空」と署名しています。この対応により、問題は朝廷に持ち込まれることなく、延暦寺内部で収拾されました。

ところが弾圧の動きは、延暦寺から顕密仏教界全体に広がってゆき、元久二年十月に興福寺奏状*が提出されました（『鎌倉遺文』一五八六号）。これは解脱貞慶《げだつじょうけい》が顕密八宗を代表して執筆したもので、専修念仏に九つの過失があると非難しています。

(1)「新宗を立つる失《しつ》」、天皇の許可なく新しい宗派を開いた過失
(2)「新像を図する失」、不当な曼荼羅《まんだら》図を描いた過失
(3)「釈尊を軽んずる失」、釈迦を軽視した過失
(4)「万善を妨ぐる失」、念仏以外の善行を妨げた過失
(5)「霊神に背く失」、神々を信じない過失
(6)「浄土に暗き失」、浄土の教えを誤った過失
(7)「念仏を誤る失」、念仏の理解を誤っている過失
(8)「釈衆を損ずる失」、戒律を否定する過失
(9)「国土を乱る失」、国の平安を乱した過失

以上、九箇条の過失を挙げて、専修念仏の取り締りを求めました。しかし朝廷はなお慎重です。同年十二月、朝廷は「一部弟子の短慮がトラブルの原因なのだから、自粛を徹底させることにして、刑罰までは科さない」という宣旨を下しました。興福寺はこれに反発します。そして、①この宣旨の改訂、②法然・安楽・住蓮・幸西・行空らの処罰、③「念仏宗」「専修」の言葉の使用禁止、を求めて朝廷と再交渉しました（『三長記』元久三年二月二十一日条）。でも後鳥羽は、専修念仏を弾圧すれば念仏弾圧と誤解される危険性が高いと

考え、要求を認めませんでした。

＊近年、興福寺奏状の書誌学的検討が進み、以下の事実が判明した。現存の興福寺奏状は、(a)「興福寺奏状」と(b)「興福寺五師三綱等申状」の二史料を誤って合体させており、(a)の末尾（日付と署判）と(b)の冒頭（書出・事書）を欠いた状態で接合されている。そして「副進」以下が(b)の文書である（拙著『鎌倉仏教と専修念仏』法藏館、二〇一七年、三八一頁）。

事態がそのまま収束するかに思われたその時、新たな事件が勃発します。いわゆる「密通事件」です。建永元年（一二〇六）十二月、後鳥羽院が熊野詣に行った留守の間に、法然の弟子と後鳥羽の女房との間で「密通」が起きました（その実態はおそらく発心出家）。激怒した後鳥羽はこれまでの方針を改め、二月二十八日の太政官符で専修念仏の禁止を布達します。そして、安楽・住蓮・性願・善綽《ぜんしゃく》の四名が死刑、法然・親鸞・行空・浄聞房・禅光房澄西・好学房の六名が流罪となりました。親鸞は還俗させられたうえで越後に配流の身となり、法然も土佐に流されています。幸西と証空は一度は遠流と決まったのですが、慈円が身柄を預かりました。慈円が責任をもって二人を監督するということで、流罪が免除されています。これが建永の法難です。浄土真宗では「承元の法難」と呼ぶことが多いようですが、建永二年二月に弾圧が行われ、十月に承元に改元されているので、「建永の法難」のほうが適切です。

弾圧から五年近く経った建暦元年（一二一一）十一月、法然・親鸞らが赦免されます。とはいえ、これは専修念仏の禁止が撤回されたことを意味するのではありません。その後も弾圧は繰り返されました。建保七年（一二一九）、貞応三年（一二二四）の弾圧の他、嘉禄三年（一二二七）には嘉禄の法難という大規模な弾圧が起きています。この時は、幸西・隆寛・空阿弥陀仏が流罪、また四六名もの信者が逮捕・追放され、『選択集』も発禁となりました。日本の歴史で最初に発禁処分を受けた書物が、法然の『選択本願念仏集』です。さらに文暦二年（一二三五）からは、鎌倉幕府が専修念仏禁止に積極的に乗り出しています。以上が弾圧の経緯の概要です。

次に弾圧の特徴を確認しておきましょう。

弾圧の特徴

専修念仏への弾圧を考える際、第一に重要なのは、これが顕密仏教による弾圧ではないということです。国家による弾圧です。顕密仏教は朝廷に弾圧を要請できるだけで、決定権は朝廷にありました。しかも朝廷の弾圧を、鎌倉幕府が支持しています。嘉禄の法難では朝廷の要請で、幕府―守護―地頭という幕府機構が弾圧に協力しましたし、やがて幕府が弾圧を主導するようになります。朝廷と鎌倉幕府がともに弾圧政策を採っていたのですから、専修念仏は中世国家によって弾圧された、と言ってよいでしょう。

しかも建永の法難では、朝廷が「誠にこれ天魔障遮《しょうしゃ》の結構《けっこう》と謂《い》いつべし。寧《あに》また仏法弘通《ぐつう》の怨讐《おんしゅう》に非《あら》ずや」と述べています（『法然上人伝記（九巻伝）』）。法然らの専修念仏は「天魔障遮の結構」、つまり仏法流布を妨げるために天魔が仕組んだ謀略だ、と言っています。日本中世は、仏教が文化の中心でした。そういうなかで、「専修念仏は仏法の敵だ、悪魔の教えだ」と国家から決めつけられました。異端と認定されたのです。

第二に、建永の法難では安楽・住蓮・性願・善綽の四名が死刑になっています。このうち、安楽・住蓮が「密通事件」に関わったことは『愚管抄』で確認できます。一方、性願・善綽の二人は無名の存在で、これまで興福寺も問題にしていません。そういう人物が極刑に処されたのは、「密通事件」の関与以外に考えられません。事実、『愚管抄』は安楽・住蓮が院御所に「ドウレイ《（同隷）》」（同輩）を連れて行ったと述べていて、それが性願・善綽に当たると思われます。建永の法難は思想弾圧と「密通」処分という二つの要素が絡まっていますが、処刑された四名はいずれも「密通事件」に直接関わった人物です。

ところでこの処刑について、これは公的手続きを経たものではなく、後鳥羽による私刑ではないか、と上横手雅敬氏が問題提起をしています（「「建永の法難」について」『鎌倉時代の権力と制度』思文閣出版、二〇〇八年）。そう判断された根拠は次の三つです。

まず、①当時の朝廷における死刑制度の実態です。朝廷では保元の乱（一一五六年）で久しぶりに死罪が復活しますが、その三年後に平治の乱が起きました。そのため、「死罪は治安維持に逆効果で、むしろ犯罪を誘発する」という考えが広まり、公家法の世界では実質的に死罪が全面禁止の状態となりました。ですから、公的な手続きを踏んで死罪に処すには高いハードルを越えないといけません。②延暦寺も興福寺も専修念仏僧の死罪を要求していません。彼らは弾圧を要求しましたが、法然の弟子数名を流罪に追い込むことができれば上々と考えていて、死罪はまったく想定外の出来事です。③処刑を実行した者はいずれも後鳥羽院の側近でした。以上から、この処刑は「留守中の不祥事件に激怒した後鳥羽上皇が行った私刑である」と結論されています。

この死罪私刑説は説得力があり、私も支持したいと思います。* 支持の根拠を一点だけ補足すると、その後の弾圧では死罪が先例として継承されていません。専修念仏の弾圧は、建永の法難以後も建保七年（一二一九）、貞応三年（一二二四）、嘉禄三年（一二二七）、天福二年（一二三四）、文暦二年（一二三五）、延応二年（一二四〇）、弘長元年（一二六一）、嘉元元年（一三〇三）、徳治三年（一三〇八）と繰り返されますが、死罪はその後一度もありません。日本中世は慣習法の時代でして、先例が法であるような社会です。もしも建永の法難で公的手続きを踏んで死刑が行われたのであれば、当然それ以後の弾圧でも、これが先例となって処刑が繰り返されたはずです。しかし、これ以後の弾圧では死罪は継承されていない。これは、安楽らの処刑が公的手続きを経たものでなかった証左です。

私は先に建永二年二月二十八日太政官符で、(a)専修念仏禁止令の発布、(b)安楽ら四名の死罪、(c)法然ら六名の流罪が決したと述べましたが（一一八頁）、実際の太政官符には、(b)死罪の項目は記されていないと考えるべきでしょう。

＊『拾遺古徳伝』第七巻第四段は、親鸞も死罪となるはずであったが、陣座における六角中納言親経の弁護によって遠流となったとする。しかし、上横手説からして、この話は信をおけない。死罪は陣座で公的に審議されたのではなく、後鳥羽院の独断で決せられ実行にうつされたからだ。

第三は、専修念仏禁止令の発布です。上横手氏は、専修念仏禁止令が発布されたとする実証的根拠が十分ではなく、後鳥羽院は専修念仏の禁止令を出していないと見るべきだ、と主張しています。残念ながらこちらは賛成できません。

藤原経光《つねみつ》という貴族の日記『民経記《みんけいき》』があり、その自筆本が現存しています。その嘉禄三年（一二二七）七月二十五日条を見ますと、専修念仏の禁止を命じた後堀河天皇宣旨が掲載されています。それによれば、「内には三宝の戒行を守らず、外には数般《すはん》の制符を顧みず、専修の一字を建てて、自余の諸教を破す」とあります。「何度も繰り返し禁止令が出されたにもかかわらず、相変わらず専修を主張して諸宗を誹謗している」と嘉禄三年七月の時点で述べているのですから、これ以前の段階で専修念仏禁止令は「数般」、何度か発布されていたはずです。

私見によれば、専修念仏禁止令は建永二年（一二〇七）、建保七年（一二一九）、貞応三年（一二二四）の三回出されていて、嘉禄三年の禁令が四回目となります。四回目ですので、これまで「数般の制符」が発布された、と述べているのもうなずけます。一方、後鳥羽は承久の乱（一二二一年）で失脚しました。後鳥羽時代に専修念仏の禁止令が出ていなければ、嘉禄三年以前の禁令は一度だけですので、「数般の制符」の文言と矛盾します。過去一度だけの禁令を「数般の制符」とは言いません。上横手説はここが説明できません。死罪は後鳥羽院の暴走による私的な処刑でしたので、先例として継承されませんでした。しかし、建永の法難での専修念仏禁止は公的手続きを踏み、建永二年二月、太政官符という正式な文書の形で発令されました。これが法源となって、これ以後も専修念仏禁止令が繰り返し発布されたのです。

しかもその処分はたいへん重い。中心人物が流罪になるのはともかくとして、問題は一般信徒です。建永の法難では信徒の弾圧は確認できませんが、嘉禄の法難では信者の中心メンバー四六名が逮捕され、京都から追放されています。また、鎌倉幕府法でも、専修念仏の信者は住宅破却・鎌倉追放です。これらの法源も、建永二年二月の太政官符と考えられます。この追放規定は、当時の刑罰体系からすれば異様なほど厳しい。

中世の公家法や本所法の世界では、殺人犯の処分は一般に所領没収・住宅破却・追放でした。ということは、専修念仏の信者というだけで、殺人犯に匹敵する処罰を受けたことになります。奈良に西大寺というお寺があります。叡尊が復興したことで著名な寺院ですが、この西大寺が貞治六年（一三六七）に制定した法律の第八条「一向念仏衆の事」では、一向念仏衆は強盗犯や殺人犯と同じく、住宅破却・追放の刑に処す、と書いています（『大日本史料』六―二八―七四四頁）。朝廷から仏法の敵と断じられたため、信者は殺人犯並みの扱いを受けたのです。

とはいえ、日本中世は小さな政府の時代です。朝廷や幕府が法律を発布しても、その実効性は高くない。たとえば建治元年（一二七五）のことですが、鎌倉幕府の法廷で、七年前に発布された幕府法の真偽をめぐって、原告と被告が論争しています。今なら六法全書がありますが、当時はそういうものがない。そのため、その幕府法が本物かどうかを原告と被告が鎌倉幕府の法廷で争うという、珍妙な事態が発生しています。これが中世法の実態です。法律が出されても十分な周知がなく、あっという間に忘れられてしまいます。それだけに弾圧とはいっても、その取り締まりはルーズで大ざっぱなものです。近代国家の弾圧とはまったく違います。時々、思い出したように取り締まりが行われますが、あとは放置されました。しかも地域の自立性が強かったため、中央政府の禁止令に従うかどうかは地域権力の意向次第です。

ただし、弾圧に民間組織が協力しました。専修念仏を取り締まろうにも役人が足りません。そこで、民間組織が協力して弾圧を行いました。繰り返し行われた延暦寺による襲撃、西大寺の寺院法、そして最初に紹介した『破邪顕正抄』の世界……。専修念仏への迫害には朝廷のお墨付きが出ています。専修念仏禁止令です。そこで延暦寺などが朝廷に協力して、自発的に取り締まりました。こうして専修念仏はまるで顕密仏教から弾圧されたような様相を呈することになりますが、その法的根拠はあくまで国家による異端認定にあります。このことを忘れてはなりません。『破邪顕正抄』で、信徒の立場が驚くほど弱かったのは、そのためです。建永二年二月の太政官符が命じた専修念仏の禁止は、長きにわたって親鸞とその弟子たちに重苦しくのしかかることになりました。

弾圧原因をめぐって

では、専修念仏はなぜ弾圧されたのでしょうか。いくつかの説があります。法然らが僧《そう》尼令《にりよう》を逸脱して、積極的な民間布教を行ったために弾圧された、という考えがあります。

これは一時期、研究者の間でかなりの支持を集めましたが、適切とは言えません。時代の変化を無視しているからです。

確かに律令体制のもとでは、仏教は僧尼令という法律に縛られていました。私度《しど》が禁止され、政府の許可がなければ僧侶になることができませんでした。また朝廷は「百姓妖《ひゃくせいよう》惑《わく》（民衆を惑わせ煽動すること）」を恐れるあまり、自由な布教を認めませんでした。このように、律令体制下の仏教は大きな制約を受けていました。ところが、班田収授のシステムは十世紀になると完全に行き詰まり、律令体制が破綻します。追い込まれた朝廷は、大幅な政策転換に踏み切りました。これが王朝国家体制（十世紀〜十一世紀中葉）です。

王朝国家体制では、財政破綻を前にして、規制緩和・民営化・地方分権など小さな政府への転換を進めました。役人の削減も行っています。解雇はむずかしいので、給料を出さない。六位から九位の中下級役人の俸禄が支払われなくなり、役所が崩壊してゆきます。これまで仏教は、さまざまな規制に縛られていましたが、その反面、経済的な保護は手厚く、僧侶の生活は安定していました。でも、もはや朝廷にそんな余裕はありません。中下級の役人にすら給料を出せないのですから、寺院への財政援助はほぼ不可能です。寺院は規制緩和によって活動の自由を手にしますが、財政支援の激減で経済的に行き詰まります。こうして十世紀に、多くの古代寺院がつぶれてゆきました。とはいえ、中世化に成功した

うです。寺院もあります。貴族や民衆・地域の世界に積極的に進出していった延暦寺や興福寺がそ

つまり民間布教を規制した僧尼令の条項は、十世紀で放棄されています。もしもそれが機能していたなら、専修念仏よりも前に、延暦寺や興福寺が弾圧されたはずです。僧尼令逸脱説は時代の変化を無視した議論です。

弟子の破戒が原因だという考えも、多くの研究者が口にしています。しかし、こうした議論は、顕密仏教界や在俗出家における破戒の蔓延を見落としています。第二章の「顕密僧の妻帯」でもお話ししましたように（九五頁）、十世紀から十六世紀まで顕密僧の妻帯は野放しでした。その影響は王家にも及んでいます。土御門天皇は承明門院《じょうめいもんいん》在子と後鳥羽上皇との間に生まれましたが、承明門院は顕密僧の娘です。つまり、土御門天皇は僧侶の孫ということになります。

一方、在俗出家は、どうでしょうか。浄土信仰の広がりのなかで、平安中期より往生を求めて出家する人々が増えています。これが在俗出家です。ところが、白河・鳥羽・後白河法皇はいずれも出家後に子を儲けました。松殿基房・花山院忠経《ただつね》・西園寺公経《きんつね》はいずれも専修念仏の弾圧に関わった人物ですが、彼らもすべて出家後に子を儲けていて、破戒の生活を送っています。さらに女性では二条天皇の中宮高松院と、近衛天皇の中宮九条院は、

いずれも後家尼になってから子を産んでいます。このように中世の顕密僧や在俗出家の貴族たちは、男も女も、破戒・濫行の生活を送っていた者が数多い。そういうなかで、信徒の破戒が咎められて専修念仏が弾圧されるなど、とうてい考えることができません。

事実、貞慶の興福寺奏状は専修念仏の破戒を問題にしていません。

但し末世の沙門の無戒破戒なること、自他許すところ也。専修の中にまた持戒の人なきに非ず。いま歎くところは全くその儀に非ず。実の如く受けずと雖《いえど》も、説の如く持《じ》せずと雖も、これを怖れ、これを悲しみて、須《すべから》く慙愧《ざんき》を生ずべきの処、剰《あま》つさえ破戒を宗《むね》として、道俗の心に叶う。仏法の滅縁、これより大なるはなし。

「末代となった今、僧侶たちが無戒であったり、破戒したりするのは止むを得ない。しかも専修念仏の中にも、戒律をきちんと遵守している僧侶がいないわけではない。私たちが歎いているのは、そのような破戒の問題ではない。真実の受戒ができなくても、また真実の持戒ができなくても、そのことを怖れ悲しんで、恥ずかしく思わなければならない。それなのに専修念仏は破戒を肯定して、俗情に迎合しようとしている。これは仏法が滅びる最大の原因になるだろう」。このように貞慶は、戒律を守れないのは仕方がないが、せめてそれを恥ずかしいと思え、と非難しています。つまり、彼は戒律に宗教的価値を認めない思想を糾弾しているのです。

それに対し法然は、戒律を守るか守らないかは、自己倫理の問題として個人の判断に委ねるのですが、戒律を往生行とする考えは徹底的に拒否しています。つまり両者の対立点は、持戒の有無ではありません。破戒を恥ずかしいことと考えるべきなのかどうか、これが興福寺奏状と法然との決定的な対立点です。

一般庶民が戒律を守らなくても、顕密仏教が崩壊することはありません。しかし戒律の価値を認めず、持戒持律の僧侶をバカにする風潮が広がれば、これは顕密仏教の脅威です。そして実際、専修念仏の信者の間では、「持戒修善の人を笑い」「耆年《きねん》の宿老を笑う」風潮が蔓延していました（『鎌倉遺文』五五七三号・五五七四号）。顕密僧への畏敬感情が消えています。弾圧原因は弟子の破戒にあったのではありません。

専修念仏と偏執

では、本当の原因は何でしょうか。ここで留意したいのは、朝廷が「専修」「念仏宗」の語を使用禁止にした事実です。興福寺は法然思想の根幹が「専修」「念仏宗」の二つの語に集約されるとして、その使用を禁じるよう求めました。そして、四度目の専修念仏禁止令（一二二七年）で「これまで何度も禁じてきたのに、なお専修の語を使用している」と朝廷が非難し、五度目の禁令（一二三四年）では、「何度も禁じたのに、いまだに念仏宗を別立しようとしている」と糾弾しています（『鎌倉遺文』三六三八号・四六七六号）。「専修」「念仏宗」の使用禁止は興福寺が求めただけでなく、朝廷も繰り返し禁じていたのです。これが何度も禁じられていることからすれば、その始まりは建永二年二月の太政官符だったはずです。つまり建永の法難では、法然思想の根幹ともいうべき「専修」「念仏宗」という言葉を禁じました。このことは、建永の法難が法然思想の弾圧であったことを端的に物語っています。

ちなみに、「専修」の語の禁止は、浄土真宗の歴史に重大な影響を及ぼしました。親鸞門徒は正和元年（一三一二）京都大谷の親鸞廟を寺院にしようと考え、「専修寺」の寺額を掲げます。すると延暦寺が、「専修」の語は禁じられており、寺名に使用することは認められない、と抗議したため、止むなく、寺名を本願寺に改めました（『存覚一期記』）。建永二年二月の太政官符は、本願寺という寺号の成立にも決定的な影響を及ぼしているのです。

では、顕密仏教は、法然思想のどこを危険と考えたのでしょうか。結論を言うと、「偏《へん》執《しゅう》」です。偏執とは、思想が片寄っているという意味です。「源空は一門に偏執して八宗を都滅《とめつ》す」（興福寺奏状）、「安楽・法本（行空）、この両人においては偏執、傍輩に過ぐるの由、その聞こえあり」（『三長記』元久三年二月二十二日条）、「偏執を禁遏《きんあつ》の制に守といふとも、刑罰を誘諭《ゆうゆ》の輩《ともがら》にくはふることなかれ」（『法然上人行状絵図』巻三一）とあるように、顕密仏教も、朝廷の側も、専修念仏の偏執を取り締まる必要があるという点で、意見が一致しています。食い違っていたのは、偏執の発生要因の理解です。

顕密仏教は偏執が、法然思想に内在していると考えた。そのため、専修念仏の教えの改訂、「専修」「念仏宗」の語の禁止、そして法然や急進派の弟子の処罰を求めました。それに対し朝廷は、法然らの釈明を容れて、偏執を一部の弟子の行き過ぎと捉えました。そこで、法然を通じて言動を自粛させれば、事態を収拾できると考えたのです。

では、法然思想に、偏執といわれるものが内在していたのでしょうか。私は内在していたと思います。法然に好意的だった顕真という僧侶は、「法然房は智恵深遠と雖《いえど》も、いささか偏執の失《しつ》あり（法然さんは智恵が深いが、少し議論が偏っている）」と評しています。また明恵は、もともと法然を尊敬していました。専修念仏の悪評が聞こえてきても、それは一部の弟子のせいで、法然自身は立派な人と考えていました。ところが公開出版された『選択集』を一読して明恵は驚愕します。すべての問題が、法然思想に淵源していたことを発見したのです。

また、当時の文献を見ると、諸行往生の否定が「偏執」と非難されています。念仏以外の行による往生を認めないことが、偏執と指弾されたのです。そして実際のところ、法然は諸行往生を否定しましたし、親鸞・幸西らはさらに聖道門による悟りまで否定しています。その点でいえば、偏執は法然にも、親鸞にも内在していました。

では、彼らはなぜ偏執と非難されながらも、念仏以外の諸行による往生を否定したのでしょうか。そのヒントとなるのが、明恵『摧邪輪《ざいじゃりん》』の次の一節です。

> **称名の一行《ぎょう》は劣根《れっこん》一類のために授くるところ也。汝《なんじ》何ぞ天下の諸人を以《もっ》て、皆《みな》下劣の根機《こんき》となすや。無礼の至り、称計《しょうけい》すべからず。**

仏教のさまざまな行《ぎょう》のなかで、称名念仏は最もレベルの低い行と考えられていました。なぜ、こうした行があるのかというと、レベルの低い劣悪な人間、「劣根一類」がいるからです。ですから、「南無阿弥陀仏というレベルの低い行は、レベルの低い劣根一類を救済するために設けられた」ことになります。ところが法然は、称名念仏以外では往生できないと主張しました。ということは、「法然は、この世の人すべてをレベルの低い劣根一類とみなしていることになる。これほど無礼なことはない」と、明恵は憤慨しています。でも、明恵のこの発言は、法然の真意をみごとに探り当てています。そうです。法然は、すべての者が平等に「劣根一類」だ、と主張しようとしたのです。

諸行往生をめぐる論争の本質は、称名念仏しか唱えることのできない人々を、どのような人間と捉えるかにありました。顕密仏教は、彼らをレベルの低い人間、「劣根一類」とみなしました。しかし法然は、「称名一行」をレベルの低い行ではなく、唯一の真実の極楽往生行だと主張します。「称名一行」の価値を逆転させることによって法然は、「劣根一類」の復権に成功し、彼らの中に「まことの心」（親鸞『正像末和讃』）を見いだしました。民衆はバカなのか、それとも彼らこそが「まことの心」の持ち主なのか。

諸行往生をめぐる論争で、法然や親鸞は機根の平等を主張しました。「機根《きこん》」というのは、人間の資質の意味です。すべての人間を愚者凡夫と捉える法然の考えや、すべての人間は悪人たらざるを得ないとする親鸞の思想が、それです。

考えてみれば、私たちは確かに多種多様です。いろんな人がいる。頭のよい人、真面目な人もいれば、そうでない人もいます。でも、阿弥陀仏の智恵の深さ、その真面目さと比べたなら、少しぐらい頭がよい、少しぐらい真面目だからといって、そんなもの、たかが知れています。そして、阿弥陀仏の力が大きくなればなるほど、人間の能力差はどんどん小さくなり、やがて見えなくなる。こうして、「すべての人間が平等に愚者だ」「誰もが平等に悪人だ」という法然や親鸞の思想が生まれてくるのです。彼らが追求したのは現世における人間の平等です。この点において、法然と顕密仏教とは、根本的に相容れなかった。専修念仏に内在していた偏執とは、この平等思想の代償です。格差や差別を当然とする身分制社会では、人間の平等の主張が、偏った過激な考えとみなされるのは不可避でした。

「密通事件」とは

では、朝廷はなぜ当初、弾圧に消極的だったのでしょうか。普通の念仏信仰（念仏を唱えれば往生できる）と専修念仏（念仏以外では往生できない）との違いが理解できなかったからです。念仏も仏法の重要な一要素ですから、仏法を信ずる以上、念仏の保護に向かうのは当然のことです。しかも、法然の『選択集』は公開されていません。ですから専修念仏の教えを正確に捉えることは困難でした。そのため、弟子に行き過ぎがあるからといって、弾圧に踏み切るのは穏当ではない、と考えたのです。

そのような時に「密通事件」が発生しました。とはいえ「密通」の実態は、よく分かりません。『愚管抄』は、後鳥羽院の留守中に、院の女房が法然の弟子を夜まで御所にとどめた、と述べています。おそらく夜を徹した六時念仏を行ったのでしょう。

後鳥羽の後宮では、これまでも密通が二件露顕しています。承明門院が養父と通じていましたし、他にも側近の童子が、皇女を生んだ後鳥羽女房と密通しています（『愚管抄』巻六、『明月記』元久元年六月九日条）。でも、承明門院に処罰はなく、側近の童子も半年の追放だけです。後鳥羽は後宮での密通に対し、峻厳な姿勢をとっていません。その点でいうと四名の処刑は尋常ではありません。

しかも「密通事件」という割りには、この事件に関わった院女房への処分が不明です。

この事件に関わったことが確認できる唯一の女性が坊門局《ぼうもんのつぼね》（西御方《にしのおんかた》）ですが、彼女が処罰された形跡はまったくありません。坊門局は母方の従妹《いとこ》にあたります（図3）。坊門信《のぶ》清《きよ》の娘でして、妹は将軍実朝の奥方です。その生没年は不詳ですが、後鳥羽との間に仁和寺の道助入道親王、頼仁親王、そして嘉陽門院の三子を儲けています。父の坊門信清は「外戚の威を振るう」と評された人物で、娘のおかげで内大臣を射止めました。坊門局に対しても、父の坊門信清に対しても、またその子たちに対しても、後鳥羽の寵愛は「密通事件」の前後で変わりありません。また坊門局もその寵愛に応えています。承久の乱後は隠岐に随逐して、後鳥羽の死を看取りました。従妹ということで、坊門局は後鳥羽にとって、もっとも心やすい女性だっ

図3　後鳥羽院をめぐる人々

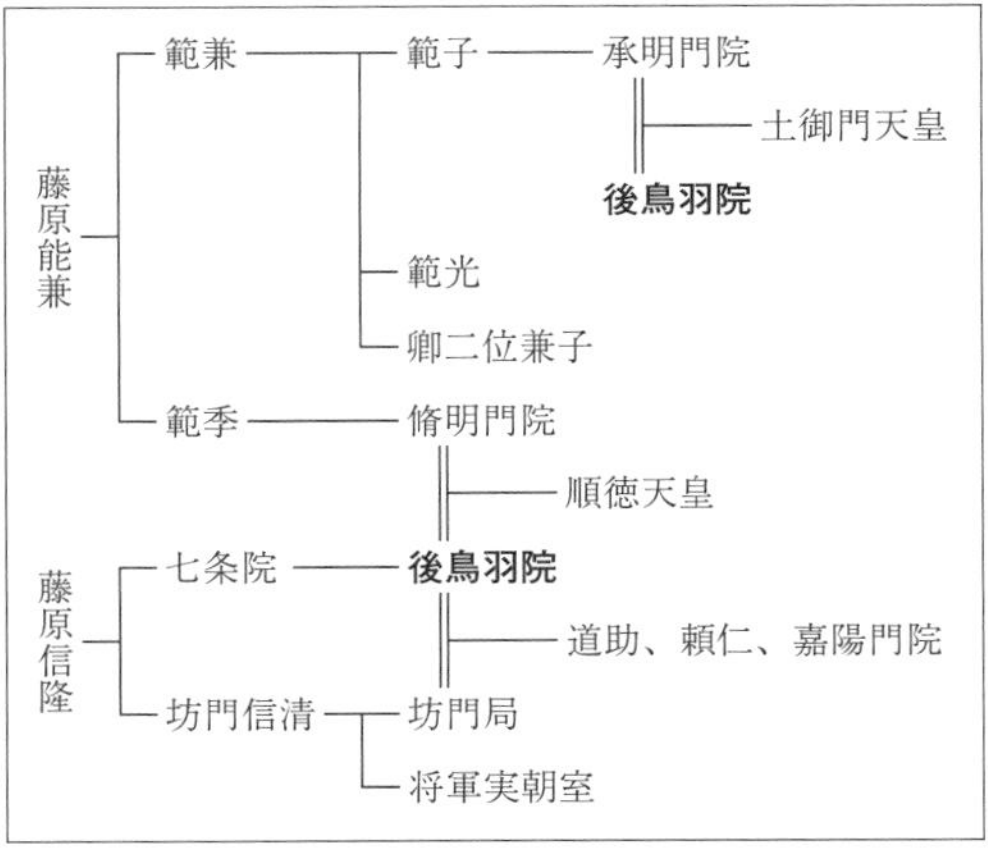

たのでしょう。

では、「密通事件」とは何だったのでしょうか。『法然上人行状絵図』『尊卑分脈』によれば、留守中に女房が発心出家したために後鳥羽が激怒した、とあります。中世では一般に、朝廷に出仕している者が出家する時は、院・天皇の許可が必要でしたし、妻の出家には夫の了解が必要でした。つまり女房の無断出家は、二重の意味で後鳥羽を愚弄するものだったのです。後鳥羽がそう受け止めた可能性は高い。しかも夫の了解なしに妻が出家すると、出家させた僧侶を夫が暴行した事件も珍しくありません（『吾妻鏡』建仁二年八月二十四日条、『一遍聖絵』巻四第三段）。坊門局への愛着の深さからすれば、「密通事件」の実相はそのあたりにあったのだと思いますが、話はセンセーショナルに喧伝されました。

後鳥羽院はこれまで法然に相当配慮してきました。延暦寺や興福寺の要請をはねつけて、法然をかばってきました。ところが今回の事件で法然の弟子が「事を念仏に寄せて、貴賤ならびに人妻、然るべき人々の女《むすめ》に密通」していたことが露顕したのです（『皇帝紀抄』建永二年二月十八日条）。信心深い念仏聖と思っていたのに、実際には念仏を利用して女性を誘惑していた。裏切られたとの思いが怒りを増幅させ、密通処分のレベルを超えた峻厳な措置になったのでしょう。この事件を契機に、専修念仏は人妻を拐《かどわ》かす「破戒の狂僧」とのイメージが流布されました。貴族たちはこれまで専修念仏と念仏信仰の違いが理解できませんでしたが、これによって専修念仏の異端的相貌が鮮烈に印象づけられたのです。そして後鳥羽は、興福寺の要求を受け入れて法然らを処罰しました。専修念仏の弾圧は思想弾圧を本質とするものでしたが、「密通事件」が触媒となって断行されたのです。

親鸞の処分

では、親鸞はなぜ流罪になったのでしょうか。親鸞は還俗処分を受けていますので、公的手続きを踏んで処罰されたのは確実です。「密通事件」に直接関わった者が後鳥羽の独断で処刑され、思想が問題となった者が流罪となったのでしょう。

とはいえ、延暦寺や興福寺が親鸞を問題視した形跡はこれまでありません。最後の最後になって突然、流罪になったのですが、なぜでしょうか。それを解き明かす史料が『教行信証』後序《ごじょ》です。

竊カニ以ミレハ、聖道ノ諸教ハ行証久シク廃レ、浄土ノ真宗ハ証道今盛ナリ、然ニ諸寺ノ釈門、
昏ク二教一ニ分不三知ラ二真仮ノ門戸一ヲ、洛都ノ儒林、迷フ二行一ニ分無三シ弁コト二邪正ノ道路一ヲ、斯ヲ以テ
興福寺ノ学徒奏下達ス
太上天皇諱尊成
今上諱為仁聖暦承元丁ノ卯ノ歳仲春上旬之候上ニ、主上臣下背キ法一ニ違シ義一ニ成ニシ忿一ヲ結スフ

怨ヲ、（後略）　（訓点は坂東本のまま）

有名な後序の一節ですが、問題は傍線部分の読みです。ここは親鸞の訓点に従って、「ここを以て興福寺の学徒は、太上天皇に今上の聖暦承元丁卯の歳、仲春上旬の候に奏達す」と読むべきでしょう。承元元年（建永二年〈一二〇七〉）二月上旬に興福寺が後鳥羽上皇に訴えたと言っているのですから、「密通事件」の発覚後に、興福寺は改めて後鳥羽に専修念仏の弾圧を求めたことになります。

ところが、これまでの真宗史研究では違う解釈をしてきました。かつて鷲尾順敬氏は、『教行信証』の返点は後世の者が付け間違ったものと考え、次のように解しました（『日本仏教文化史研究』冨山房、一九三八年）。まず「ここを以て興福寺の学徒は、太上天皇に奏達す」、ここで文章を一旦切ります。そしてこの興福寺の奏達を元久二年（一二〇五）の興福寺奏状を指すと解しました。そして「今上の聖暦承元丁卯の歳、仲春上旬の候」は後の流罪に関わる話である、と考えました。岩波書店の日本思想大系『親鸞』の補注で石田充之氏も支持したように、この理解は長らく定説的位置を占めてきました。

しかし、重見一行『教行信証の研究』（法藏館、一九八一年）によって、議論の前提が崩れます。重見氏の重厚なお仕事によって、坂東本『教行信証』に付された訓点が親鸞の真筆であることが確定しました。それでもなお鷲尾説に従うなら、親鸞が自分の書いた漢文に、間違った返点を付けたことになります。こんなバカなことはあり得ません。

しかも鷲尾説では、「承元丁卯の歳、仲春上旬の候」、つまり承元元年二月上旬を、弾圧が行われた時と解していますが、実際の処分は二月二十八日です。二月上旬ではありません。同時代の日記史料である『明月記』の記事を追ってみましょう。

まず正月二十四日に「専修念仏の輩《ともがら》停止《ちょうじ》の事、重ねて宣下すべしと云々、去るころ聊《いささ》か事故ありと云々〈その事、すでに軽きに非ず〉」と見えています。「密通事件」が発覚して、専修念仏を弾圧するという基本方針がこの時点で定まったことが分かります。問題は具体的に誰をどのように処罰するか、です。二月九日条では「近日ただ一向専修の沙汰なり、搦《から》め取られ拷問せらると云々」と見えていて、専修念仏僧の逮捕・拷問が行われています。

二月十日条では「今朝、兼時朝臣《かねときあそん》が入道殿（九条兼実）の御使いとして参る。専修僧を相具《あいぐ》すと云々」とあって、九条兼実が使者を後鳥羽のもとに派遣しています。兼実の使者は「専修僧」を連れて参上したとのことです。これについて藤原定家は「専ら申さるべき事に非ざるか。骨鯁《こっこう》の御本性、なお以てかくの如し」と述べています。頑固一徹なので仕方がない、とあきれています。九条兼実は法然の有力な庇護者であり、『選択集』も兼実の依頼によって執筆されたという経緯があります。九条兼実は穏便な処置を要請するために、使者を派遣したのでしょう。

そして実際、兼実の要請には一定の効果がありました。後鳥羽院は、法然の流罪先を九条兼実の知行国土佐にしています。これは法然の身柄管理権を兼実に委ねたことを意味します。つまり後鳥羽は法然を流罪に処すことは譲らなかったのですが、身柄は兼実に任せました。そこで兼実は、土佐は遠すぎるということで、讃岐にある九条家の所領小松庄に法然を滞在させます。土佐国の最高責任者は九条兼実でしたので、こうした柔軟な措置が可能となりました。幸西と証空の二人についても、兼実の弟である慈円に預けるという形で流罪を免除しています。後鳥羽は九条兼実の顔も立てたのです。また、後鳥羽にとって、これは興福寺に対する牽制でもあります。興福寺の要求を丸呑みすれば、興福寺が付け上がる危険性がある、それを避けたのです。

このように、二月上旬は弾圧をめぐる駆け引きが行われていた時期であって、弾圧が行われた時ではありません。しかも二月上旬に後鳥羽は京都にいなかった。正月二十三日から二月十二日まで、別荘の水無瀬殿《みなせどの》(大阪府島本町)で、蹴鞠や笠懸や狩りをして遊んでいます(『明月記』)。二月上旬に弾圧が行われたのではありません。

特に私が重要だと思うのは、二月十日に九条兼実が寛大な処置を要請した事実です。二月十日時点で宥免措置を願い出ているということは、当然同じ時期に、反対の立場からの要請もあったはずです。つまり専修念仏を厳格に処分すべきだという要望も寄せられたはずです。そしてそれを裏づける史料が『教行信証』後序なのです。親鸞が書いているように、興福寺は二月上旬に後鳥羽院に奏達し、専修念仏への峻厳な処分を要請しました。それを知って兼実も、宥免を願い出たのでしょう。二月上旬の奏達は事実と考えるべきです。

興福寺の関与について、さらに重要な問題があります。流罪者の特定です。興福寺の関与なしに、朝廷が流罪人を決めることは不可能です。元久元年（一二〇四）の七箇条制誡では、そこに署名した法然の弟子は一九〇名にのぼります。このうち建永の法難で死罪となったのが四名です。彼らは「密通事件」の関係者ですから、特定はむずかしくありません。でも、流罪についてはどうでしょう。残り一八六名の弟子の中から、どのようにして七名の流罪者を選別したのでしょう。

しかも流人を見ると、有力門弟の信空や源智が入っていないのに、親鸞や浄聞房・澄西・好覚房といった、当時まったく無名に近い弟子が流罪になっています。日本中世は極端なまでの小さな政府の時代であって、警察に当たる検非違使にまともな捜査能力はありません。信空や源智を処罰せずに、親鸞・澄西らを流罪に処す、こうした選別が当時の検非違使にできたはずがありません。興福寺の関与なしに流罪者の特定はあり得ません。

一般に中世では処罰すべき者の特定を、敵方が行う場合と、味方の責任者が行う場合とがありましたが、多いのは前者です。建永の法難に即していえば、流刑候補の指名を興福寺が行うか、法然が行うか、です。その指名をもとに朝廷が検討して最終決定をしました。元久三年二月の交渉では、興福寺が法然・安楽・幸西・住蓮・行空の五名の処罰を求めています（『三長記』）。嘉禄の法難では延暦寺が隆寛・幸西・空阿弥陀仏の流罪を求めましたし、さらに京都から追放すべき「念仏者余党」四六名のリストを延暦寺が検非違使に提出しています（『鎌倉遺文』三六五五号）。専修念仏以外でも、建久二年（一一九一）の延暦寺と近江守護との紛争では、天台座主が朝廷に「流人注文」を提出しました。仁治三年（一二四二）の金剛峯寺と伝法院との抗争では、「伝法院注進交名《きょうみょう》」に従って金剛峯寺の宿老二六名が六波羅探題に召喚されています。

こうした事例からすれば、建永の法難でも興福寺が流罪に処すべき人物のリストを朝廷に提出した、と考えるのが自然でしょう。朝廷が専修念仏を弾圧する基本方針を定めたのをうけて、興福寺は二月上旬、後鳥羽に対し峻厳な措置を取るべきだとの奏達を行い、その時に流人交名もあわせ提出したのです。この流罪リストに親鸞の名があった（幸西・証空の名も載っていたはずです）。それゆえに親鸞は、『教行信証』後序で二月上旬の興福寺の奏達を特筆しているのです。

親鸞は法然門下のなかで頭角を現すのが比較的遅かった。法然の弟子になったのも遅いほうですし、『選択本願念仏集』の書写が許され、法然門下の主要な弟子と認められたのは元久二年四月のことです。興福寺奏状のわずか半年前であり、流罪まで二年ありません。ですから、親鸞の名が興福寺側に伝わるのも遅かった。当初の段階では親鸞の名は弾圧リストにのぼりませんでしたが、最終段階になって、興福寺が名簿に入れたのです。

顕密仏教が処罰すべきと考えたのは、「偏執」、つまり諸行往生を否定する僧侶です。流罪に名の挙がった人物で、思想的立場が判明している者は、幸西・行空・証空・親鸞といずれも一念義系の人物であり、諸行往生を否定しています。彼らはいずれも、興福寺の処罰基準に合致していました。親鸞は、その思想が問題とされたのです。

越後流罪と還俗

親鸞の流罪先は越後となりました。注意すべきは、流罪が決まる一月前の建永二年正月十三日に、伯父の宗業が越後権介に補任されています。もっとも越後権介など、名目上のポストであって、実質的な権限はありません。これを過大視して考えることには慎重でなければなりません。彼の要請で親鸞の配流先を越後にした、といった見解もありますが、それは考えられません。当時の宗業は従四位上の文章博士です。院の近臣でもなく、殿《てん》上人《じょうびと》にもなっていない宗業の政治力など無きに等しい。

ここで一人、重要な人物がいます。越後の知行国主です。流罪となった親鸞を管理する最高責任者です。親鸞流罪時の越後国司が藤原定高《さだたか》であったことは、これまでも分かっていました。でも、彼はわずか十七歳であり、形ばかりの国司です。実権をもっていた知行国主が不明でした。そこで彼の周辺を調べてみたところ、藤原長房《ながふさ》が浮上しました。

藤原長房（一一七〇～一二四三）は国司定高の兄であり、また養父でもあります。しかも、「天下ノ賢人」と讃えられた有能な人物で、後鳥羽上皇の「精撰の近臣」です（『官史記』『明月記』）。建永の法難の前後に、長房は後鳥羽の院宣の奉者となっていますので、弾圧が決せられる経緯を後鳥羽の間近でみていたはずです。また、建永元年（一二〇六）に後鳥羽が明恵に高山寺を授け、承元二年（一二〇八）に貞慶が海住山寺《かいじゅうせんじ》を開創しますが、長房は後鳥羽の近臣としてそのいずれにも深く関与しています。承元四年に出家して慈心《じしん》房覚真《ぼうかくしん》と名のり、出家後も世俗と仏法の両世界で活躍して、最終的に貞慶のあとを継いで海住山寺二世となりました（上横手雅敬「貞慶をめぐる人々」『権力と仏教の中世史』法藏館、二〇〇九年）。明恵は在俗時代の長房を「形を俗塵に雑《まじ》うも、心を真際に住す（世俗活動を行っているが、その心は仏法そのものだ）」（『金師子章光顕鈔』）と評しています。一方、藤原定家は長房を「その心はもとより凶悪」で「人非人」だと罵倒しています（『明月記』建暦元年十一月十二日条）。定家のようなへそ曲がりには、長房の有能さが、時に許しがたかったのでしょう。また、この長房は長らく九条兼実の家司をつとめており、後鳥羽の近臣になってからも兼実と親しく付き合っています。慈円とも和歌を交わしていて、親好が深いです。

今回、明らかにできたのは、ここまでです。仏教に造詣の深い能吏であり、九条兼実とも親しかったこの人物が、親鸞の越後流罪にどういう影響を与えたかは不明です。これ以上の憶測は歴史学の範囲を越えてしまいますので、私はここで立ち止まり、あとは皆さんの想像にお任せすることにします。

流罪に際し、朝廷は還俗処分を行いました。それは度縁没収と俗名の付与から成ります。当時の僧侶の流罪例からすると、朝廷はまず延暦寺に命じて親鸞の度縁を提出させ、それを没収したはずです。度縁は出家した証明書です。得度した時に師から与えられました。延暦寺から親鸞が離脱した後も、度縁は延暦寺に保管されていましたので、朝廷はそれを没収して僧侶身分を剝奪しました。中世になると度縁制が崩壊してゆきますが、一二三〇年ごろまでは何とか維持されていたようです。

また朝廷は、藤井善信という俗名を与えました。藤原氏出身の親鸞に、なぜ藤井姓を付与したのでしょうか。一般に中世では、地方の下級官職を任命する際、藤原氏は藤井に、源氏は原に、橘氏は立花に、平氏は平群に書き改めるのが通例でした（『薩戒記』応永三十二年正月二十九日条)。源平藤橘の四姓は貴姓です。そのため、地方の下級役人を任命する時は、本人が藤原や平を名のっていても、朝廷はそれを認めず、藤井や平群に変えさせています。親鸞の藤井善信も同じ趣旨でしょう。罪人が「藤原」を名のるのを憚って、藤井姓を与えたのです。

以上、建永の法難についてお話ししました。この事件は「密通」処分と思想弾圧が絡みあっており、親鸞は興福寺によって、その思想を問題視されて流罪になったのです。

第四章　越後での流罪生活

囚人預け置き慣行

　本章では、流罪中の親鸞についてお話しします。とはいえ、越後での親鸞については、確実な史料がほとんどありません。ですから、そこでの生活ぶりを探るのは非常にむずかしい。ただし、流罪中に二つのことが起きています。奏状の提出が一つ、そしてもう一つは恵信尼との結婚です。ただ、その話に入る前に、この時代の流罪人の扱いを確認しておきましょう。

　親鸞の流罪生活を語る時、律令や延喜式の規定から類推して議論することが多いようです。流罪に際しては、連座ということで妻妾も強制的に同行させられたとか、流人には日別に米一升、塩一勺が給付されるといった話です。でも、これはあくまで古代の規定でして、鎌倉時代の実態とは大きく異なります。

　近年、法制史の分野で中世の流罪制度の研究が進んでいて、「囚人預《あず》け置き慣行」という独特の制度をとっていたことが、分かっています。朝廷や幕府は流罪人の身柄を、在《ざい》庁官人《ちょうかんじん》や御家人に預けて、彼らに監視・扶持《ふち》させていました。親鸞が流罪になった時、越後は朝廷の管轄下にありましたので、親鸞は地元の在庁官人に預けられたはずです。在庁官人というのは、国衙《こくが》（県庁）の役人をしている武士だと思ってください。武士はこうした地方の行政権をテコに勢力を伸ばしました。鎌倉幕府が成立すると、その多くが御家人となっています。

中世は小さな政府の時代です。牢獄の維持・管理は多大なコストがかかりますので、囚人の監視を彼らに押しつけて、政府は負担軽減を図ったわけです。押しつけられた方は、生活の面倒と監視の双方を行わなければなりませんので、なかなか大変です。負担がかなり重い。そのため、預かり人が別人に流人を押しつけたり、管理が甘くて囚人が逃亡することも珍しくありません。幕府は預かり人の怠慢を誡める法令を何度か制定して、それに歯止めをかけようとしていますが、システムそのものに無理があるので、うまくいっていません。

囚人がどういう扱いを受けるかは、預かり人の裁量が大きかったようです。源頼朝が処刑を命じたのに、預かり人がそれを実行せず、何年も自宅にかくまっていた例もあります。預かり人と囚人が結託して政府に反抗することもありました。では、親鸞の流罪生活に、どの程度の自由さがあったのでしょうか。参考となるのが高野山の道範《どうはん》の事例です。

道範（一一八四〜一二五二）は金剛峯寺の学僧として著名な人物ですが、流罪になった時の記録を残しています。『南海流浪記《なんかいるろうき》』です。高野山伝法院（根来寺の前身）を焼き討ちした責任を問われ、仁治三年（一二四二）に流罪になっているので、親鸞より四〇年ほど後の話になります。道範は讃岐《さぬき》に流罪となり、鵜足津《うたつ》（香川県宇多津町）の御家人が身柄を預かるのですが、翌日には近くの寺院に預け直しています。流罪となった僧侶の日常的な扶持・監視は、お寺に任せるのが一番でしょう。親鸞の場合も、そうだったはずです。

道範の流罪生活は想像以上に自由です。流罪地から一〇キロほどの地に、善通寺《ぜんつうじ》という空海の誕生寺院があります。そこで道範は、流罪の一カ月後に一人で参詣して一泊しています。さらに半年後には善通寺に住まいを移して、七年間そこで暮らしました。その間、善通寺のいろんな宗教活動に関わり、京都貴族とのコネを活かして善通寺の発展に貢献しています。特に私が驚いたのは、隣の伊予国の地頭に招かれて新造寺院の開眼供養を行ったことです。隣国まで出かけるなど、かなり自由な活動をしています。預かり人の裁量によって処遇に差があるものの、流罪人はさほど厳しく管理されていたわけではない、と言えるでしょう。

承元の奏状

では、親鸞の預かり人は、どうだったのでしょう。好意的だったのか、それとも厳しかったのでしょうか。私は、好意的だったと思います。そう考える第一の根拠は、承元の奏状です。先にも少し引用しましたが、『教行信証』後序に次の文章があります。

> 竊《ひそ》かにおもんみれば、聖道《しょうどう》の諸教は行証《ぎょうしょう》ひさしく廃れ、浄土の真宗は証道《しょうどう》いま盛りなり。然るに諸寺の釈門は教に昏《くら》くして真仮《しんけ》の門戸《もんこ》を知らず、洛都の儒林《じゅりん》は行《ぎょう》に迷《まど》うて邪正《じゃしょう》の道路《どうろ》を弁《わきま》うることなし。ここを以て興福寺の学徒は
> 太上天皇〈諱《いみな》尊成《たかなり》〉に
> 今上《きんじょう》〈諱為仁《ためひと》〉の聖暦《せいれき》、承元丁卯《じょうげんひのとのう》の歳《とし》、仲春《ちゅうしゅん》上旬の候《こう》に奏達《そうだち》す。主上臣下、法に背き義に違《い》し忿《いかり》をなし怨《うらみ》を結ぶ。これに因《よ》りて、真宗興隆の大祖源空《げんくう》法師、并《なら》びに門徒数輩《すはい》、罪科を考えず猥《みだ》りがわしく死罪に坐《つみ》す。或いは僧儀を改めて姓名《しょうみょう》を賜《たも》うて遠流《おんる》に処す。予《よ》はその一なり。しかれば已《すで》に僧に非ず、俗に非ず。この故に禿《とく》の字を以て姓《しょう》とす。空師并びに弟子等、諸方の辺州《へんしゅう》に坐《つみ》して、五年の居諸《きょしょ》を経《へ》たりき。

皆さんもよくご存知の、格調の高い文章です。「浄土の教えこそが真の仏法であるにもかかわらず、諸寺の学僧たちはそれを見極めることができないでいる。そして興福寺の学徒は後鳥羽上皇に、承元元年二月上旬に上奏した。治天の君も臣下も、怒りや恨みにまかせ

て道理や仏法を無視した。その結果、真実の浄土の教えを説いた源空とその弟子は、罪状の吟味が不十分なまま死罪にされたり、還俗・流罪に処されたりした。私はその一人である。もはや私は僧侶でもなければ、俗人でもない。そこで私は禿の字を姓とした。源空とその弟子たちは、あちこちの僻地に流されて五年の月日がたった」。志の高さがうかがえるよい文章です。

ところで古田武彦氏は、これが朝廷に提出された抗議文であることを明らかにしました(『親鸞思想』冨山房、一九七五年)。その論証過程をたどることはしませんが、意を尽くした議論の組み立てになっており、それを支持したいと思います。つまり、先の文章はただ単に『教行信証』の末尾に密かに記されたのではなく、弾圧の不当性を訴えるため、親鸞が朝廷に提出した奏状の一節だったのです。

では、奏状提出は流罪中のことなのか、それとも赦免されてからでしょうか。それを解く鍵の一つが、「五年の居諸《きょしょ》を経《へ》たりき」の文です。流罪になって五年経ったと述べています。中世では年を数える時に、数え年のようなカウント方法をとっていましたので、流罪になった建永二年・承元元年(一二〇七)が一年目となります。五年目ということですので、これは承元五年・建暦元年(一二一一)に書かれたことになる。しかし、親鸞はその年の十一月十七日に赦免されているので、これだけでは赦免前に提出したのか、赦免後なのかは判然としません。

それを解くもう一つの鍵が、「今上《きんじょう》〈諱為仁《ためひと》〉」の文言です。「諱為仁」とは土御門天皇のことです。親鸞は土御門を「今上」と呼んでいます。ところが土御門天皇は、承元四年十一月二十五日に退位していて、承元五年段階では「今上」ではありません。親鸞の奏状には時間的な齟齬があります。この齟齬は越後にいたために生じた、と考えてよいでしょう。土御門天皇退位の情報が親鸞のもとに届くのが遅れた。そのため、退位後であったにもかかわらず、誤って土御門天皇を「今上」と呼んだのです。

もしも奏状の提出が赦免後であれば、親鸞は土御門天皇が退位してまるまる一年後に、土御門を「今上」と呼んだことになります。でも、これでは遅すぎる。朝廷に奏状を提出しようと考える者であれば、朝廷の動向に関心をもっていたはずです。一年後まで天皇の交代を知らなかったとは考えにくい。その点からすれば、この奏状は承元五年の早い時期に執筆されたと見てよいでしょう。赦免がその年の十一月十七日ですので、奏状は赦免前に提出されたことになります。つまり親鸞は流罪中に、専修念仏の弾圧に抗議する奏状を朝廷に提出したのです。

そして、これを裏づける史料があります。『親鸞聖人血脈文集』は次のように言っています。

愚禿は流罪に坐《つみ》するの時に、勅免を望むの時に、藤井の姓を改め愚禿の字を以て、中納言範光卿をもて勅免をかふらん（蒙）と奏聞を経《ふ》、範光の卿をはじめとして、諸卿みな愚禿の字にあらため（改）かき（書）て奏聞をふる（経）こと、めでたくまうし（申）たりとてありき

「流罪となって勅免を要請した時、親鸞は中納言範光卿を介して愚禿の字《あざな》で奏聞した。範光卿をはじめ他の公卿たちは、愚禿の字で奏聞したことを誉めたたえた」といっています。

また『歎異抄』も、

親鸞は僧儀を改め俗名を賜ふ。よって僧に非ず、俗に非ず。然る間、禿の字を以て姓となして、奏聞を経られ了《おわ》んぬ。彼《か》の御申状《おんもうしじょう》、いまに外《げ》記庁《きのちょう》に納《おさま》ると云々、流罪以後は愚禿親鸞と書かしめ給うなり。

と述べています。愚禿の名で提出した申状が、今も朝廷の外記庁に収められている、と記していて、先の推測を裏づけています。これらの史料を考え合わせると、親鸞は流罪赦免を求める際、自分たちへの処罰の不当性を抗議したことになります。つまり勅免を懇願したのではなく、朝廷に釈放を要求したのです。親鸞の心は折れていません。

では、この奏状は誰が取り次いだのでしょうか。奏状を書くことは誰でもできますが、受理してもらうにはツテが必要です。有力者の挙状《きょじょう》がなければ、朝廷に受理してもらえません。ここで注意すべきは、『親鸞聖人血脈文集』の記事に見える「中納言範光卿」です。

『血脈文集』は彼が仲介してくれたと述べています。この記事は信用できるのでしょうか。

藤原（岡崎）範光（一一五四～一二一三）は後鳥羽院政下で大きな権力を振るった人物です。彼の姉妹二人、範子と卿二位兼子が後鳥羽の乳母でした（一三五頁図3）。また、後鳥羽の近臣として力をもっていた伯父範季《のりすえ》の猶子となって、その政治力を継承しています。「公卿以上の昇進は、偏に範光卿の一言によるか」（『三長記』元久三年四月四日条）とあるように、藤原範光の発言で人事が左右されたほど、後鳥羽院の信任の篤かった人物です。

では、『血脈文集』がいうように、藤原範光は親鸞の奏状を取り次いだのでしょうか。私は、その可能性が高いと思います。第一に、藤原範光は当時、越後国の知行国主でした。奏状提出の二年後に範光が亡くなりますが、死没時点で彼は越後と丹後の知行国主です。『新潟県史』によれば、範光の知行は承元元年（一二〇七）十二月までさかのぼる、とのことです。このときに知行国主が、藤原長房から範光に代わったのでしょう。つまり範光は越後の流罪人を管轄する最高責任者でした。親鸞の奏状を取り次ぐ必然性があります。

第二に、範光は法然の信者でした。『法然上人行状絵図』巻一二によれば、範光は「ひとへに上人（法然）に帰して称名の外、他事なかりけり」とあり、死没前に法然の夢告を得て往生したとのことです。もちろん、こんな記事を鵜呑みにできませんが、彼が法然周辺の人物と親しかったのは事実です。園城寺の公胤、延暦寺の聖覚《せいかく》、いずれも法然と非常に近しい人物ですが、範光はこの二人と親交をむすんでいました。なかでも聖覚とは、後鳥羽の側近仲間で昵懇の間柄です。トラブルがあった時に、聖覚が範光に相談しています（『三長記』建永元年七月二十一日条）。一方、親鸞も聖覚とたいへん親しい。聖覚から『唯信鈔』（一二二一年成立）の真筆草稿本を贈られており、聖覚と親鸞の親好は流罪後も続いています。範光と聖覚、そして聖覚と親鸞との親密な関係からすると、藤原範光が親鸞の奏状を取り次いでもおかしくない。想像をたくましくすれば、聖覚を介して奏状が範光に届けられた、とも考えられます。親鸞―聖覚―藤原範光という経路です。

このように親鸞は、流罪中に専修念仏の弾圧を非難し、釈放を要求する申状を朝廷に提出しました。しかしこうした奏状の提出は、預かり人の了解がなければできなかったはずです。それを許しているのですから、預かり人は親鸞に寛大であったことが分かります。

流罪中に起きたもう一つの事件は子の誕生です。恵信尼の手紙によれば、承元五年（一二一一）三月三日に恵信尼と親鸞との間に信蓮房明信《しんれんぼうみょうしん》が生まれています。この年の十一月に親鸞は赦免されるのですが、赦免される一年以上前に恵信尼と結婚していたことになります。これも預かり人が了解したのでしょう。つまり親鸞の身柄を預かった人物は、親鸞が朝廷に対して抗議文を提出することを認めたし、恵信尼との結婚も認めているのです。親鸞に対し、ずいぶん寛大だったと思います。

この問題をさらに掘り下げるには、親鸞と恵信尼がいつ結ばれたのかを、明らかにする必要があります。でも、その話の前に、解決しておくべき問題が二つあります。一つは玉《たま》日《ひ》伝説、もう一つは善鸞の母親の問題です。

玉日伝説について

まず、玉日伝説から検討しましょう。これに関する基本文献が『親鸞聖人御因縁』（以下、『御因縁』と表記）と、『親鸞聖人正明伝《しょうみょうでん》』（以下、『正明伝』）です。これらの玉日伝説は、信仰の歴史を考えるうえで貴重なものです。でも、そのことと、それが事実であるかどうかは、話が別です。

では、まずその内容を確認しておきましょう。『御因縁』は二つの話から成っています。一つは親鸞の叡山離脱のいきさつです。当時、親鸞は慈円の弟子で、忠安と名のっていました。ある時、恋という題で和歌の詠進を求められ、慈円がそれに応えたところ、その歌が非常にリアルでした。すると「一生不犯《ふほん》であるべき天台座主が恋をしているのはけしからん」と流罪の僉議《せんぎ》に発展します。想像で歌を作ったと慈円が弁明すると、それなら鷹狩りも想像できるだろうということで「鷹羽《たかば》の雪」という難題を与えられます。できた和歌を親鸞が内裏に届けたところ、歌の美事さから、「関白」をはじめみんな想像の作品であることに納得します。

これで一件落着となるのですが、その時に天皇は使いの親鸞に声をかけます。藤原有範の子と答えると、「伯父の範綱も、師匠の慈円も和歌が巧みなので、お前も詠めるだろう」ということで、「鷹羽の雪」の題で「みよりの羽」の語を織り込んで和歌を詠むよう求めます。何とかそれをこなして褒美をもらいますが、薄氷を踏む思いだったため、親鸞はこうした宮仕えに疑問をもちます。そして六角堂に参籠し、行者宿報偈の夢告を得て法然の弟子になった、とのことです。

『御因縁』のもう一つの話は、玉日との結婚譚です。建仁元年（一二〇一）十月、九条兼実が在家念仏と出家念仏の功徳の違いを質問したところ、法然は同じと答えます。すると兼実は「それなら一生不犯の清僧を私の娘と結婚させて、証明してくれ」と求め、法然はそれに応えて親鸞を推薦します。親鸞は抵抗しますが、法然が行者宿報偈をピタリと言い当て、偈に従って妻帯するよう勧めます。止むなく親鸞は覚悟を決め、兼実と同じ車に乗って帰り、兼実の第七の娘である玉日と結婚した。

以上が『親鸞聖人御因縁』の概要です。ちなみに、九条兼実には猶子《ゆうし》（姫宮）を含め十名の息子と二人の娘がいました（多賀宗隼『玉葉索引』解説）。でも、「第七ノヒメミヤ玉日」は出てきません。玉日が誕生したと考えられる時期は、兼実の日記『玉葉』が残っていますが、確認できる娘は二人だけです。こういうこともあって、玉日との結婚はこれまで伝説として理解されてきました。ところが近年、これを事実とする見解が相次いでいて、松尾剛次氏のような歴史学者までそれに同調しています（七二頁）。これは困ったことです。そこで、『御因縁』の玉日伝説にどういう問題があるのか、ここで検証しておきましょう。

まず第一に『御因縁』『正明伝』とも、時の天皇を思い違いしています。これらはいずれも、天台座主慈円の使者として親鸞が「参内《さんだい》」し、和歌の難題を課されたことがきっかけとなって、六角堂参籠・叡山離脱につながった、としています。和歌の一件は、いつに設定されているでしょうか。親鸞が延暦寺を出奔する直前であり、慈円が天台座主であったということですので、これは慈円が二度目の座主であった建仁元年（一二〇一）二月から年末までの間となります。また、玉日と親鸞との結婚は建仁元年十月ですので、和歌のエピソードは建仁元年二月から十月に絞りこめます。となると、時の天皇は土御門（一一九六～一二三一）です。閑院内裏に住んでいた土御門天皇はこの時わずか六歳。二条殿などの院御所に住んでいた後鳥羽上皇は二十二歳です。

親鸞が日野有範の子と知ると、天皇は「伯父も師匠も歌人なので、お前も和歌が詠めるだろう」といって、「鷹羽の雪」「みよりの羽」の難題で和歌を詠むよう迫ります。数え年六歳の幼児に、こうした発言が可能でしょうか。『御因縁』も『正明伝』も、天皇を後鳥羽と勘違いしています。これは致命的なミスです。

「関白」が登場するのも、この勘違いと関わっています。一般に天皇が幼少の時には摂政を置き、成長すると関白に変わります。鎌倉初期でいうと、後鳥羽天皇の親政時代は関白でしたが、建久九年（一一九八）に土御門に譲位すると、それから十年ほど摂政が続きました。つまり建仁元年の摂関は「摂政」です。それを「関白」と誤っています。これまた『御因縁』が天皇を後鳥羽と誤認していた証左です。

第二に、親鸞の越後流罪の説明がつきません。建永の法難では幸西と証空も流罪リストにあがっていましたが、九条兼実の奔走で、慈円が身柄を預かる形で二人は流罪を免れました。このうち証空は、九条兼実の政敵であった土御門通親の猶子です。もしも玉日伝説が事実なら、二人を助ける前に、全力をあげて娘婿を助けたはずです。でも、兼実はそうしなかった。親鸞と玉日との結婚はあり得ません。

第三に、そもそも摂関家の娘と親鸞との婚姻などあり得る話ではありません。身分が違いすぎます。第一章で述べたように、親鸞は貴族とはいっても、下級貴族の出身です。殿上人すら出せない地下人《じげにん》の一族です。伯父の日野宗業はこのころ一門の出世頭でしたが、その宗業を九条兼実は日記で「凡卑の者」と評し、孫の九条道家も「はなはだ下品《げぼん》のもの」とバカにしています。平民身分の者からすれば親鸞も兼実も同じ貴族ということになりますが、貴族社会では、親鸞一族は摂関家から鼻も引っかけられないような存在です。九条兼実が地下人（親鸞）と同じ車に乗ることはありませんし、摂関家の娘を地下人と結婚させることも考えられません。しかも『御因縁』によれば、玉日をみた法然が「子細ナキ坊守ナリ」（よい坊守だ）と言ったとのことです。親鸞が玉日の住む九条兼実邸に通うのではなく、摂関家の娘が親鸞の坊に同居するというのですから、話が荒唐無稽に過ぎます。

第四に、『御因縁』は九条兼実の発言を「勅定」「綸言」といっています。でも、これは天皇や院にのみ使用する語で、摂関家に使うことはありません。また「座主ノミヤ《（宮）》」とありますが、摂関家出身の慈円を「宮」と呼ぶこともありません。さらに『御因縁』では、天皇が親鸞の伯父を「ワカサ《（若狭）》ノ大臣《おとど》」、父を「有範卿」と呼んでいます。「大臣」を貴人への一般的敬称と無理やり解したとしても、殿上人にもなれない若狭守ごときを天皇が「大臣」と呼ぶことはありません。また、日野有範のような五位の地下人に「卿」を付すこともありません。『御因縁』はこうした尊称を多用することで、親鸞一門の高貴さを印象づけようとしていますが、その手口はあまりにも稚拙です。

第五に、『御因縁』では親鸞が九歳で慈円のもとに入室したことになっています。でも、すでに詳しく論じたように、親鸞が慈円の弟子であったというのは、歴史的事実ではありません。また、慈円の関係史料で「忠安」の存在を確認することもできません。

第六に、九条兼実の出家が説明できません。『御因縁』によれば、九条兼実は在家念仏と出家念仏との功徳が同じであることを証明するために、自分の娘と親鸞を結婚させました。これだけのことをしたのですから、兼実は、在家と出家に違いがないことを納得したはずです。ところが実際には、九条兼実はこの三カ月後に出家しています（『明月記』建仁二年正月二十八日条）。娘を賤しい地下人と結婚させたあの騒動は、いったい何だったのでしょうか。

第七に、慈円が恋の和歌を詠んだところ、あまりにリアルだったので「一生不犯ノ山ノ座主」が恋をしているのはおかしい、ということで「流罪」の僉議に及んだ、とあります。しかし当時の延暦寺や顕密仏教の世界では、妻帯や真弟相続は普通のことになっていました。しかも、『秋夜長物語《あきのよながのものがたり》』のような稚児物語を取りあげるまでもなく、同性の間にも恋は成り立ちます。むしろ稚児との色恋沙汰は、顕密寺院では日常茶飯事でした。恋をとがめた流罪僉議など、フィクションとしても荒唐無稽に過ぎます。

第八に、伯父の日野範綱は「歌人」とのことですが、歌人の範綱（西遊入道）は親鸞の伯父とは同名異人です。また『正明伝』は、親鸞の奏状の取次をした岡崎中納言範光（一五四頁）を、日野範綱の嫡子としています。『尊卑分脈』を見ると、確かに日野範綱の子に「範光」なる人物がいますが、彼は従五位下でしかありません。岡崎範光と日野範光とは年齢が親子ほど離れていますし、従二位中納言と従五位下の判官代というように、その官位も天と地ほどの開きがあります。この二人を同一人物と誤認するとは、お粗末としか言いようがありません。これ以外にも、慈円・親鸞の詠んだ和歌が別人の和歌の剽窃であることや、親鸞の年齢の齟齬、行者宿報偈を妻帯の許可と捉えた理解、「坊守」の語など問題点はいくつもありますが、この程度で止めておきましょう。

『親鸞聖人御因縁』は鎌倉末から南北朝期ごろの成立といわれていて、浄土真宗の信仰の歴史を考えるうえで大切な史料です。でも、歴史的事実との間で無数の齟齬をきたしていて、これはそもそもその真偽をまじめに議論しなければならないような史料ではありません。玉日伝説は美しい伝承として、私たちの心の奥にそっとしまっておくべきものです。

善鸞の母

親鸞の結婚を考える際、もう一つ重要なのは善鸞の母親の問題です。善鸞の義絶状に、次のように記されています。

(ア)母の尼にも、不思議の虚言《そらごと》を言ひつけられたること、申す限りなきこと、あさましう候。(イ)みぶの女房の、これえ来《きた》りて申すこと、(ウ)慈信房が賜《た》うたる文《ふみ》とて、持ちてきたれる文、これに置きて候めり。慈信房が文とて、これにあり。その文、つやつや綺《いろ》はぬ事ゆえに、継母《ままはは》に、言い惑わされたると書かれたること、殊《こと》にあさましきことなり。世にありけるを、継母の尼の言い惑わせりといふこと、あさましき虚言なり。又この世にいかにしてありけりとも知らぬことを、みぶの女房のもとえも文のあること、心も及ばぬほどの虚言、心憂《う》きことなりと歎き候。

この史料は解釈がむずかしく内容も複雑です。そこでまず現代語訳を示し、そのうえで解説を加えましょう。

善鸞が母の尼に、とんでもない嘘を告げ口したのは、言葉を失うほど情けないことです。壬生《みぶ》の女房が私のもとにやって来て「善鸞からもらった手紙です」といって持参した手紙が、ここに置いてあります。善鸞の手紙というものがここにある。その手紙に「私（善鸞）が親鸞にまったく働きかけていなかったため、親鸞が継母《ままはは》（恵信尼）に惑わされている」と書いてあるのは、特に情けないことです。言うに事欠いて、「継母の尼が親鸞を惑わせている」と言っているのは、情けない嘘です。また、まったく想像もできないようなことを、壬生の女房のもとにまで手紙に書いたこと、思いもよらない虚言、これらは本当に残念なことだと、私は歎いています。

文意を取りやすいよう、少し大胆に意訳してみました。ここには、義絶される直前に善鸞がとった動きが記されています。

まず、傍線（カ）「みぶの女房のもとえも文のあること」とありますので、善鸞は壬生の女房に手紙を出しています。信頼を失いつつあることを察した善鸞が、局面打開のためにとった行動が、壬生の女房に手紙を書くことでした。彼女に手紙を送れば、状況を何とか逆転できる、と考えたのです。この女性が重要人物であることが分かります。

では、手紙に何が書いてあったのか。傍線（エ）によれば、善鸞の手紙には「つやつや綺《いろ》はぬ事ゆえに、継母《ままはは》に、言い惑わされたる」と書いてありました。「綺う」は大阪弁の「いらう」の古語です。干渉する、働きかけるといった意味です。「つやつや」は「まるっきり」とか「まったく」の意です。つまり善鸞の手紙には、「(東国にいる私が親鸞に)まったく働きかけていなかったため、(親鸞が)継母の讒言《ざんげん》に惑わされている」と書いてあった。東国で遠く離れ疎遠になりがちだったスキを継母に突かれて、父の信頼を失いそうになっている、と訴えたのです。この「継母」は、親鸞を惑わすほど発言力があったというのですから、恵信尼しか考えられません。つまり、恵信尼は善鸞の「継母」であり、善鸞は恵信尼の子ではありません。戦国時代に成立した『日野一流系図』は善鸞の母を恵信尼としていますが、同時代史料である善鸞義絶状はそれが誤りであることを示しています。

では、「みぶの女房」はどういう人物なのでしょうか。まず傍線（カ）「みぶの女房のもとえも文のあること」とありますので、善鸞は壬生の女房に手紙を送っています。傍線（イ）「みぶの女房の、これえ来《きた》りて申すこと」とあるので、彼女は親鸞に面会しています。傍線（ウ）「慈信房が賜《た》うたる文とて、持ちてきたれる文」とあるので、彼女は善鸞から受け取った手紙を持参して来ました。そして親鸞は、傍線（キ）で、善鸞が壬生の女房にまで嘘偽りの手紙を送ったことを「心憂《う》きことなり」と歎いています。話を整理すると、次のようになります。

①劣勢を挽回するために、善鸞は壬生の女房に手紙を送った。
②その手紙には、「自分がいま不利な状況になっているのは、親鸞が継母の恵信尼に惑わされているからだ」と書かれていた。
③善鸞の手紙を受け取った壬生の女房は、事情を問いただすため親鸞に会いに行った。
④親鸞は、善鸞が壬生の女房にまで手紙を送ったことに深い失望を表明した。

善鸞は、「継母の讒言のせいで、自分が追い詰められている」という手紙を壬生の女房に送りつけ、彼女が親鸞を説得するよう期待しています。壬生の女房は、善鸞の実母と考えてよいでしょう。それを傍証するのが傍線（ア）「母の尼にも、不思議の虚言《そらごと》を言ひつけられたること」です。善鸞が「母の尼」にとんでもない嘘を告げ口した、と述べていますので、「みぶの女房」＝善鸞の「母の尼」であることが確定します。「みぶ」は京都の壬生です。継母の話を持ち出したのは、実母に行動を促すための口実です。継母のために義絶されそうになっているので、何とかしてほしい、と実母に頼み込んだのです。継母の話を出せば、実母が反応して動いてくれると善鸞は考えたのでしょう。

窮地におちいった善鸞は、母親に取りなしてもらう以外に打つ手がなかった。義絶を回避するには、実母に頼るしかなく、実母を動かすには「継母のせいで義絶されそうになっている」と嘘を盛るしか、ありません。義絶は建長八年（一二五六）ですので、親鸞八十四歳、越後にいた恵信尼が七十五歳の段階で、善鸞の実母もまだ健在であったことになります。

問題はここからです。親鸞は壬生の女房といつ知り合ったのでしょうか。おそらく二人は流罪前に京都で結婚し、善鸞を儲けたのでしょう。では、いつ別れたのか。それは親鸞の流罪を措いて考えられません。建永二年（一二〇七）の越後配流で、二人は別れたのだと思います。

もちろん、流罪先に妻子を伴うことは不可能ではありませんが、通常あり得ない選択です。中世では流罪人の管理を地方の有力者に押しつけており、預かり人は衣食住の面倒をみて監視をしなければなりません。ただでさえ負担が大きい。まして妻子を伴っていれば、負担はいっそう増し、その分、どうしても待遇が悪くなります。事実、日蓮は佐渡に流罪になった時、弟子を引き連れていたため、流罪当初は食べ物にも事欠きました。一人分の食事をみんなで分けたからです。妻子を同行すれば、みんなが飢えに苦しむことになる、だから中世では通常、流罪先に妻子を連れてゆきません。

保元の乱では「妻は夫に別れ」「親昵《しんじつ》も不随《したがわず》」とあるように、流罪人は妻子を連れていません（『保元物語』）。鹿ヶ谷事件の藤原成親《しげちか》・成経《しげつね》・平康頼《やすより》・俊寛《しゅんかん》も妻子を随行していませんし、壇の浦合戦で捕虜となった平家も「妻子にはなれて、遠流《おんる》せらる」のように、妻子を帯同していない（『平家物語』）。また、治承三年（一一七九）に関白松殿基房《もとふさ》が流罪になったとき、妻は自分の髪を切って基房に送り、赦免されるまで待っていると誓っていますが（『玉葉』治承三年十一月二十二日条）、ここでも流罪に同行していません。院や天皇なら女房を帯同することもありましたが、それ以外は関白ですら妻子を連れていない。

以上からすれば、流罪を機に、親鸞と壬生の女房はおのずと別れることになり、善鸞は京都の母の実家で育てられた。そう考えるのが一番自然です。

恵信尼について

では、恵信尼はどういう女性で、親鸞といつ知り合ったのでしょうか。図4『日野一流

図4 『日野一流系図』抄

- **有範** 皇太后宮権大進　号三室戸大進入道
  - **範宴** 善信房綽空、依夢告改親鸞　伯父範綱卿為子
    - **範意** 寺、阿闍梨、大弐、遁世改印信　母後法性寺摂政兼実公女、月輪殿也
    - **女子** 号小黒女房　母兵部大輔三善為教女、法名恵信
    - **善鸞** 宮内卿、遁世、号慈信房　母同上「依上人不孝、無相続義」（抹消）
    - **明信** 号栗沢、信蓮房
    - **有房** 号益方大夫入道　叙爵、従五位下　母、出家、法名道性
    - **女子** 号高野禅尼　母
    - **女子** 号右兵衛督局、壮年時、堀河右大臣忠親家女房　其時、小野宮禅念房室也、産唯善房云々　母各同、左衛門佐広綱室、宗恵阿闍梨母、出家法名覚信　又久我太政大臣通光公家女房
  - **尋有** 号善法院僧都　大輔、権少僧都　東塔東谷善法院院主　中堂執行兼常行堂検校
  - **兼有** 寺、聖護院ー門人　侍従、権律師　号萱房律師、範綱卿為子
  - **有意** 山、三位、阿闍梨　法眼
  - **行兼** 寺、刑部卿、権律師　聖護院ー門人　兼有律師弟子　範綱卿為子

系図』抄によれば、親鸞と恵信尼との子として、小黒《おぐろ》女房、善鸞、栗沢《くりさわ》信蓮房明信、益方《ますかた》入道有房、高野《たかの》禅尼、覚信尼の六名が挙がっています。このうち、覚信尼は京都で生活していますが、恵信尼は越後に住んでいます。子の小黒女房・栗沢信蓮房明信・益方入道有房も越後にいます。おそらく高野禅尼もそうでしょう。そして、越後の国府があった上越市の板倉地域には小黒・栗沢・益方や高野の地名が散見されます。恵信尼たちの生活基盤が越後、それも国府近辺にあったことが分かります。

とはいえ、恵信尼の実家に関する史料は非常に乏しい。『日野一流系図』に「小黒女房」らの母として「兵部大輔《ひょうぶたいふ》三善為教女《ためのりむすめ》、法名恵信」との記事があるだけです。ただし『玉葉』に越後介「三善為則」の記事が出てきます。『玉葉』治承二年（一一七八）正月二十七日条の除目《じもく》の記事によれば、前年に平盛子《もりこ》への臨時給によって越後介に任じられた「三善為則」を改補して、平定俊を越後介に補任しています。三善「為教」と「為則」は「ためのり」の音通表記である可能性が高いこと、また越後介の任命と恵信尼消息での越後での生活が重なります。「三善為教」と「三善為則」は同一人物と考えてよいでしょう。つまり恵信尼は、兵部大輔や越後介をつとめた三善為教の娘ということになります。

この見解をさらに補強したのが、助動詞「き」「けり」に着目する研究です。どちらも、過去をあらわす助動詞ですが、使い方に違いがあります。助動詞「き」は本人が直接体験したことをあらわす時に使い、「けり」は他人から見聞きした間接体験に使用します。そして恵信尼消息では、六角堂参籠後に親鸞が法然のもとに「いかなる大事にも参りてありしに」と恵信尼が語っています。そのことから古田武彦氏らは、この「し」は恵信尼の直接体験を示しており、親鸞と恵信尼は六角堂参籠のころから交際していた、と主張されました。

話はこれで解決したように思えました。でも、よくよく考えると、大きな問題が残っています。第一は、助動詞「き」「けり」の使用法です。前に述べたように（九二頁）、古田氏らの見解は、恵信尼文書における話法の転換を無視しています。「いかなる大事にも参りてありしに」は親鸞の直接体験を示しているだけで、恵信尼の体験と解する必然性はありません。つまり助動詞の使用法から、親鸞と恵信尼の出会いの時期をさぐる議論は成り立たないのです。

第二は、恵信尼の実家と越後・京都との関係です。『日野一流系図』『玉葉』に見える「三善為教」「三善為則」は兵部大輔や越後介ですが、まず兵部大輔は地方の武士が就けるようなポストではありません。官位相当は正五位下です。正五位下というと、鎌倉幕府執権の北条時頼が到達できた最高の位階です。奥州の藤原秀衡なら従五位上です。兵部大輔は地方豪族が手に入れられる官職ではありません。三善為教は京都の官人です。

では、京都の官人がどのようにして越後に基盤を築けたのでしょう。まず、越後介はどうでしょうか。これを手がかりに、勢力を扶植した可能性はないのでしょうか。結論をいえば、とうてい無理です。三善為則の越後介は臨時の年給による補任です。年給というのは有力者に与えられた特権で、平清盛の娘である盛子に越後介を推薦する権利が与えられました。そこで盛子は越後介の任官希望者を募り、それに三善為則が応じ、任命料を平盛子に支払って越後介に任じられた、という次第です。売官制度の一種です。鎌倉時代の御家人たちは、兵衛尉・衛門尉の肩書きを競って手に入れましたが、それでだいたい百貫文です。実権のないただの肩書きに、現在の金額で一千万円ぐらい払っています。越後介はもっと高位ですので、任命料はいっそう高額だったかも知れません。

さて、為則は前年に越後介に任命され、翌年正月に改補されていますので、彼の在任期間は最大一年しかありません。箔を付けるために越後介の肩書きを大金を払って手に入れて、一年足らず在任した、それぐらいで越後に土着化するなど、まず不可能です。任期中に何とか現地の利権を手に入れても、任期が終われば行政権を失いますので、その利権は他の者に奪われて、それでお仕舞いです。世間はそんなに甘くありません。つまり、京都の官人である三善為教が、越後に勢力をもてた理由がどうにも説明できません。

話は暗礁に乗り上げました。恵信尼は三善為教の娘と言われてきたのですが、実際には系図史料と恵信尼消息との間で、大きなギャップがあります。石井進氏が指摘されたように、恵信尼と三善為教とを結びつけるのには無理があり（「親鸞と妻恵信尼」『大乗仏典二二 親鸞』月報三、中央公論社、一九八七年）、これを打開するには、話を根本から考え直す必要があります。覚悟を決めて、系図か、恵信尼消息か、どちらか一つを選ぶしか、道はありません。

恵信尼を「兵部大輔三善為教女」とする『日野一流系図』は、その成立が天文十年（一五四二）です。また、長子範意の母を九条兼実の娘としていて玉日伝説を受け入れていますし、善鸞を恵信尼の子とするなど、史実に反する記事も多い。恵信尼消息に比べると、『日野一流系図』の史料的価値は大きく劣ります。答えは明らかでしょう。『日野一流系図』に頼ることなく、もう一度、恵信尼の手紙に即して考え直す必要があります。

石井進氏の意見を参考にしながら、考えてみましょう。まず第一に、恵信尼たちの生活基盤は越後の国府近辺にありました。これらの土地は、実家から譲られたものでしょうから、恵信尼の実家は越後の国府近くに勢力をもっていたことになります。

第二に、恵信尼は娘の覚信尼に八名か九名の下人を譲っています。他にも子がいますので、彼女が所有している下人の総数は、少なくともその倍はいたはずです。この下人たちも、実家から譲られたのでしょう。恵信尼の実家は大量の下人を保有していたことになります。大隅の在庁官人である禰寝《ねじめ》氏は九四人の下人を所有していました（『鎌倉遺文』一二二一三号）。おそらく、恵信尼の実家の下人数は、禰寝氏を上回ると思われます。つまり恵信尼の実家はかなり有力な地方豪族であり、しかも国府近辺に所領をもっていた。恵信尼の父は越後の在庁官人と考えられます。

第三に、恵信尼は日記をつけるなど教養豊かな女性です。ここから、彼女が京都で育ったと想定する意見もありますが、それは京都でなくても説明が可能です。院政時代より地方行政は文書主義の時代に入っていて、在庁官人が行政実務を担うには文筆能力が不可欠となっています。となれば、その家族もそれなりの教養を備えるようになったはずです。たとえば北条政子は伊豆の在庁官人の娘です。彼女は高い教養をもっていましたが、それは当時の在庁官人の娘がもっていた教養の水準を示唆しています。恵信尼の教養も、在庁官人の娘の教養として説明することが十分に可能です。

以上から、恵信尼は越後の在庁官人の娘であった、と結論してよいでしょう。

話はここからです。私は先に、親鸞の身柄が越後の在庁官人に預けられた、と推測しました。しかも、親鸞の預かり人は奏状の提出を容認し、恵信尼との結婚を認めるなど、親鸞に好意的です。一方、恵信尼は越後の在庁官人の娘と思われます。そして源頼朝は伊豆に流罪中に、預かり人の娘、北条政子と結婚しました。そのことからすれば、親鸞もまた預かり人の娘と結婚した可能性が高い。在庁官人のような地方豪族は財力がありましたが、身分的には親鸞の方が上です。地方豪族の娘にとって、流罪となった貴族はあこがれの対象でもあったはずです。北条時政は平氏を憚かって結婚に反対しましたが、政子は制止を振り切って頼朝と結ばれます。そして最終的に北条時政は、流罪人であった娘婿の挙兵に協力しました。そのように恵信尼の父もまた、娘婿の親鸞を援助したのではないでしょうか。

では、『日野一流系図』にみえる「兵部大輔三善為教女、法名恵信」の記載は、何だったのでしょう。私の『旧著』ではこの説明をしていません。でも、この系図が戦国時代の成立であるとしても、ここまで具体的な名を記しているのは、三善為教の娘が親鸞と何らかの関わりがあったことを示唆しているはずです。

注意すべきは、先の記載は「小黒女房」の割注であり、善鸞についても「母同上」と記している事実です。善鸞の母が「みぶの女房」と考えられることは、先にお話ししました。そのことからすれば、善鸞の母が三善為教の娘であり、その情報が恵信尼と混在した可能性が高い。つまり、「みぶの女房」＝善鸞の母＝三善為教の娘であった、ということです。

親鸞一族の出世頭であった藤原宗業は、式部大輔や越後権介を歴任しています。一方、三善為教は兵部大輔・越後介に就いていますので、三善為教と親鸞一族は、社会階層としてはほぼ同一レベルです。京都時代に親鸞が結婚する相手として、三善為教の娘は階層的にはふさわしいと言えます。

話を整理しましょう。親鸞は京都時代に三善為教の娘（「みぶの女房」）と結婚し、二人の間に善鸞が生まれました。ところがこの結婚生活は、建永二年（一二〇七）二月の流罪で破綻します。中央官人であった三善為教は越後に勢力基盤がない。善鸞およびその母と、親鸞との関係はおのずから断たれ、やがて親鸞は越後で預かり人の娘である恵信尼と結婚します。残念ながら、恵信尼の父の名は不明です。そして親鸞の赦免・帰京の展望がみえなかった以上、三善為教の娘も再婚した、私はこのように考えます。

親鸞の赦免

親鸞は建暦元年（一二一一）十一月十七日に赦免されます（『教行信証』後序）。親鸞三十九歳、恵信尼三十歳のことです。

しかし赦免された親鸞は、京都に戻りませんでした。仏光寺本『親鸞伝絵』によれば、建暦二年正月二十一日に赦免された親鸞は、八月二十一日に帰洛し、十月に京都を出発して東国に向かった、と述べており、仏光寺派ではその際に親鸞が京都山科に興正寺を創建したと伝えています。しかし、仏光寺本『伝絵』は赦免の月日を誤っており、その記述に信を置くことはできません。一般に僧侶が赦免されると、没収された度縁を朝廷から返してもらって、顕密僧としての身分を回復することができます。でも、非僧非俗を宣した親鸞は、そのようなものに関心がなかったはずです。二人の子である信蓮房明信は、この年の三月に生まれたばかりです。そうしたこともあって、親鸞は越後に留まったのでしょう。やがて親鸞は東国伝道の旅に出ました。これはこの時代の僧侶や貴族の行動パターンからすると、かなり変わっています。

先に紹介した金剛峯寺の道範は、赦免されると、釈放に尽力してくれた人々に礼を言うために京都に向かおうとします。でも、体調を崩したため、結局京都に寄らないまま高野山に戻りました。道範は流罪先の善通寺で非常に手厚いもてなしをうけましたが、釈放されると、そこに留まることなく高野山に帰っています。それに比べると、東国布教に向かった親鸞の特異さが分かると思います。ここに、親鸞という人物の個性があらわれています。

親鸞は法然入室のきっかけとなった夢告で、「行者宿報偈」の誓願を「数千万の有情に」説き聞かせること、これを生涯の使命にしようと決意しました。その誓いを今ここで果たすのです。事実、『親鸞伝絵』は東国稲田で親鸞が「救世菩薩の告命をうけし往《いにしえ》の夢、既に今と符合せり」と語った、といいます。京都に戻ることなく布教に旅立つ、この個性的な選択は、親鸞思想の根幹に関わっていたはずです。*

とはいえ、東国伝道の旅は生やさしいものではありませんでした。親鸞はそこで、自らの信心を揺さぶられる体験をすることになります。

*親鸞を善光寺聖とし、東国に向かった理由をそこに求める見解があるが、賛成できない。極楽往生のための積善として善光寺修造費用の寄付を勧誘してまわるのが、善光寺聖の職能である。自力念仏すら否定した親鸞が、自力作善の寄付を民衆に求めてまわるとは考えがたい。法然・親鸞は聖であったが、寺院の創建や修造に一切関わらなかった。念仏や信心を重視したためである。ここに彼らの独自性があり、この点において、彼らはいずれも聖の伝統からはずれている。

第五章　東国の伝道

聖道の慈悲と浄土の慈悲

本章では、関東時代の親鸞についてお話しします。でも、その話に入る前に、『歎異抄』第四条に触れておきたいと思います。皆さんよくご存知でしょうが、『歎異抄』第四条では「聖道門《しょうどうもん》の慈悲」と「浄土門《じょうどもん》の慈悲」について説いています。しかし、ここの議論は少し変わっています。

慈悲に聖道・浄土のかはりめあり。聖道の慈悲といふは、ものを憐れみ、愛《かな》しみ、育《はぐく》むなり。しかれども、思ふがごとく助け遂ぐること、極めてありがたし。浄土の慈悲といふは、念仏して、いそぎ仏になりて、大慈大悲心をもて、思ふがごとく衆生を利益《りやく》するをいふべきなり。今生《こんじょう》に、いかにいとをし、不便《ふびん》と思ふとも、存知のごとく助けがたければ、この慈悲、始終なし。しかれば、念仏申すのみぞ、すえとをりたる大慈悲心《だいじひしん》にて候ふべきと云々。

親鸞は言います、慈悲には二種類ある、と。聖道門の慈悲と浄土門の慈悲です。聖道門の慈悲はいうならば自力の慈悲です。「ものを憐れみ、愛《かな》しみ、育《はぐく》むなり」、一切のものを憐れみ、いとおしむことです。困っている人がいれば、少しでも助けてあげたいと思い実行する、これが聖道門の慈悲です。でも、残念ながら私たちは、なかなか思い通りに助けることはできません。どんなにかわいそうに思っても思い通りに助けられない。限界があります。

それに対し浄土門の慈悲は、念仏で極楽往生し成仏してから苦しむ人々を存分に救済する、というものです。浄土で仏のパワーを身につけて、それからこの世に戻ってくるので、回り道に見える。でもその代わり、思い通りに救済できます。限界がない。だから、念仏こそが「すえとをりたる大慈悲心《だいじひしん》」、首尾一貫した本当の慈悲なんだ、親鸞はそう言っています。

正直なところ、この第四条はなかなか私の胸に落ちません。どうしても引っかかってしまう。聖道の慈悲というのは、ボランティアのようなものです。困っている人がいれば、少しでもいい、自分のできる範囲で何とか人の役に立ちたい。そして、その小さな力を大きな力に変えてゆく、これがボランティアの精神ですが、こういう素朴な善意を、自力の慈悲ということで、たやすく否定してよいのでしょうか。その思いが拭えません。

でも、親鸞は二つの慈悲を比較する時に、救済に限界があるかどうかに随分こだわっています。なぜ、慈悲の限界にこだわるのでしょう。もしも親鸞が自力の慈悲の限界にもがき苦しんだうえで、この発言をしているのであれば、これはたいへん重い。結論の如何を問わず、非常に重い発言となります。自力の慈悲の限界に悩み苦しんだ経験のない者が、屁理屈をこねて批判しても仕方ありません。

では、自力の慈悲の限界に悩み抜いた経験が、親鸞にあったのでしょうか。私はあったと思います。それが「寛喜の内省」です。

寛喜の内省

親鸞に関心のある方なら、誰でも知っている話です。この出典は恵信尼消息でして、恵信尼が娘に、親鸞の人となりを語ったエピソードの一つです。かなり長いので、原文すべてを掲げることはしませんが、できるだけ原文をたどりながら確認しておきましょう。

寛喜三年（一二三一）四月四日、親鸞は風邪を引きます。

午《むま》の時ばかりより、かざ心地、少し覚えて、その夕さりより臥《ふ》して、大事におはしますに、腰・膝をも打たせず、天性《てんせい》、看病人をも寄せず、ただ音もせずして臥しておはしませば、御身をさぐれば、あたたかなること火のごとし。頭《かしら》の打たせ給ふことも、なのめならず。

「昼ごろから少し風邪気味でしたが、夕方になると床に伏して病状が重くなりました」。でも、親鸞の様子がいつもとは違っています。「腰や膝を揉むこともさせず、まったく看病人も寄せ付けない」。「天性」はまったくの意です。「音も立てずに、ひっそりと伏せっておられましたので、心配になってお身体をさわってみると、火のように熱がある。頭痛も尋常ではない」と、かなり重い病状です。でも、辛いのは風邪ではありません。親鸞は別のことで苦しんでいた。そのため、部屋の隅で一人悶々としていました。

寝込んでから八日目の四月十一日の明け方、親鸞は突然「まはさてあらん」と口にします。「まはさてあらん」、今はさてあらん、これからはそうしよう、何かを決心した言葉です。驚いた恵信尼が「どうしたのですか。うわ言ですか」と聞くと、親鸞は次のような話をします。

臥して二日と申す日より、大経《だいきょう》を読むこと暇もなし。たまたま目をふさげば、経の文《もん》字《じ》の一字も残らず、きららかにつぶさに見ゆるなり。さて、これこそ心得ぬことなれ。念仏の信心よりほかには、何事か心にかかるべき。

「病みついて二日目から、夢のなかでずっと無量寿経を読誦している」。「暇もなし」とあります。休むことなく、ずっと読経をしているのです。無量寿経は親鸞が特に大切にした経典です。「ふと目を閉じると、無量寿経の文字が一字残らず、まばゆく輝くように、くっきりと見えた。これは一体どうしたことか」。念仏の信心以外に気にかかるものはないはずなのに、なぜ無量寿経を読誦したり、その文字が「きらかに」見えたりするのか。不審に思っていると、昔の体験に思い至ります。上野国《こうづけ》（群馬県）佐貫《さぬき》での浄土三部経の読誦です。

今から一七、八年前に、佐貫の地で「衆生利益」のために浄土三部経を一千部読誦しようとした。ところが途中で中止します。読誦を始めて四、五日ほど経った時に、考え直して読経を中止した。なぜ中断したのか。次のように言っています。

> これは何事ぞ、自信教人信《じしんきょうにんしん》、難中転更難《なんちゅうてんきょうなん》とて、みづから信じ、人を教へて信ぜしむること、まことの仏恩を報《むく》いたてまつるものと信じながら、名号の他には何事の不足にて、必ず経を読まんとするや。

「これは一体なんということだ」。「自信教人信《じしんきょうにんしん》、難中転更難《なんちゅうてんきょうなん》」、これは善導の『往生礼讃』の一節です。意味はその後の文章で説明しています。「自分が信じ人にも教えて信じさせること、これが本当に仏の恩に報いることだと確信していながら、南無阿弥陀仏の他に何が不足だと思って、読経しているのか」。

これまでの仏教でも、南無阿弥陀仏は大切にしていました。でも顕密仏教では、往生のためには念仏以外のものも重要だ、と説いています。親孝行であるとか、お経を読むとか、お寺を建てるとか、仏像をつくるとか、戒律を守るとか、そういうことをやればやるほど、極楽往生はいっそう確実になる、と説いてきました。

それに対し法然は、阿弥陀仏の慈悲はそのようなものではない、と主張します。往生のためにお寺を建てたり仏像をつくることが必要となれば、貧しい人は往生できません。戒律を守ることが条件になれば、真面目な人は往生できる。でも、世の中には、いろんな事情で戒律を守れない人もいます。彼らが往生できないことになる。しかも世の中を見渡してみれば、そういう人のほうがはるかに多い。そこで阿弥陀仏は、すべての人を等しく救済しようと考えて、戒律や造像起《ぞうぞうき》塔《とう》を往生の条件とするのではなく、念仏だけを条件とされた。だから極楽往生には南無阿弥陀仏、念仏さえ唱えればよい、それ以外は不要だ、というのが法然の教えです。

親鸞も、そのように信じて専修念仏の教えを生きてきました。ところが、いま親鸞は佐貫の地で読経を行っています。いったい自分は何をしているのか、念仏への信心を失っているのではないか。そう反省して、三部経の読誦を中止しました。この昔話を親鸞は寛喜三年四月に思い出しています。そして、こんなふうに無量寿経を一心に読経したり、その文字がくっきり見えるというのは、佐貫の時の気持ちが今も残っていたためだろう、と考えます。

人の執心、自力のしんは、よくよく思慮あるべしと思ひなして後は、経読むことはとどまりぬ。さて臥して四日（八日）と申すあか月、まはさてあらんとは申すなり。

「自力を頼りにするという囚われた気持ちは、よくよく注意しないといけない、と反省してからは、夢の中で読経することも無くなった。だから床に伏して八日目の明け方に、これからはそうしよう、と言ったのです」。親鸞は恵信尼にこう説明しました。本文では「四日」とありますが、後の手紙で恵信尼は、「日記で確認したところ、これは四日目ではなく、八日目の四月十一日の明け方のことだった」と訂正しています。そして、「まはさてあらん」と口にしたあとは、汗もよく出て回復した、とのことです。

恵信尼は補足として、次のように述べています。

三部経、げにげにしく千部読まんと候ひしことは、信蓮房の四つの年、武蔵《むさし》の国やらん、上野《こうづけ》の国やらん、佐貫《さぬき》と申すところにて読み始めて、四五日ばかりありて、思ひかへして読ませ給はで、常陸へはおはしまして候ひしなり。信蓮房は未《ひつじ》の年、三月三日の日に生《むま》れて候ひしかば、今年は五十三やらんとぞおぼえ候ふ。

「浄土三部経を仰々しく一千部読誦しようとしたのは、信蓮房が四歳の年のことです。武蔵国（埼玉県）だったか、上野国（群馬県）だったか、佐貫というところで読経を始めて、四五日ほど経ってから、考え直して読経を中止されて、常陸国（茨城県）に赴かれました。信蓮房は未《ひつじ》の年の三月三日に生まれましたので、今年は五十三歳だろうと思います」。日記で確認する前にこう述べていますので、その記憶力には驚かされます。弘長三年（一二六三）二月十日、恵信尼八十二歳の手紙です。

さて、この寛喜の内省をきちんと理解するには、これが寛喜三年（一二三一）四月四日の出来事であったということが、決定的に重要です。でも、その話に入る前に、確認すべきことがあります。

親鸞の信心は決定《けつじょう》していたはずです。なぜ自力の執心がいつまでも親鸞を悩ますのでしょうか。親鸞はすでに自分の思想の原型を手に入れました。建仁元年（一二〇一）、「行者宿報偈」の夢告で親鸞によって越後に流罪になりますが、承元五年（一二一一）に、親鸞は朝廷に対して敢然と抗議の声をあげ、非僧非俗の愚禿を生きることを高らかに宣言しています。親鸞の心は折れていません。元仁《げんにん》元年（一二二四）には『教行信証』化身《けしん》土巻が書かれています。このように親鸞は弾圧に屈することなく、念仏への信心を貫いてきました。彼の信心は決定《けつじょう》していたはずです。にもかかわらず、親鸞の心が揺れている。弾圧では揺らがなかったその信心を、東国の何かが動揺させているのです。何が親鸞の信心を揺さぶったのでしょうか。

そのことを知るには、恵信尼の手紙に記された親鸞の二つの体験を、もう少し立体的に理解する必要があります。その時、いったい何があったのでしょうか。

佐貫の体験

まず、佐貫の体験から考えてみましょう。幸いなことに、恵信尼はこの佐貫の体験の時、未《ひつじ》年生まれの信蓮房が四歳だった、と証言しています。当時の年齢は数え年です。未の年、つまり建暦元年（一二一一）に誕生して一歳ですから、四歳といえば建保二年（一二一四）に当たります。この年に何があったのでしょう。史料を調べてみますと、日照りの被害が出ています（『大日本史料』四―一三）。

たとえば建保二年五月二十八日、鎌倉の鶴岡八幡宮で雨乞いが行われています。六月三日には、全国で干ばつの被害が出ているとの記事が見えていて、同じ日、鎌倉では将軍実朝《さねとも》が雨乞いのために法華経を転読している。将軍が率先して雨乞いをする、そのような話は前代未聞です。幕府の御家人たちも、みんなで『般若心経《はんにゃしんぎょう》』を読んで雨が降るよう祈っています。六月五日には京都でも雨乞い祈禱が行われていますし、十三日には鎌倉幕府は幕府領の一部で年貢を減免する措置も講じています

つまり、親鸞が浄土三部経を一千部読誦しようとしたその年は、相当ひどい日照りが続いていました。親鸞は「衆生利益《しゅじょうりやく》」のために浄土三部経の一千部読誦を志しましたが、

「衆生利益」の具体的中身は雨乞いと考えてよいでしょう。当時の雨乞いでは大般若経や孔雀経《くじやくきよう》の読経が一般的ですが、親鸞はそんなお経を持っていなかった。そこで、手持ちの浄土三部経で雨乞いの祈りを捧げたのです。日照りの被害に苦しむ民衆がいる。彼らの惨状を見るに忍びなく、親鸞は雨乞いの読経を行ったのです。

自らの思想信条に反してでも、民衆のためであれば浄土三部経の読誦に踏み切る、そういう親鸞が私は好きです。でも、親鸞はやはり親鸞です。それでは終わりません。三部経の読誦を始めたけれども、やはりこれは間違っている。そう思い直して中断します。この断念も非常に個性的です。安易に流されることなく、むしろ辛い道を選択しています。

これに関わって大切なことがあります。恵信尼の手紙には、

> **佐貫と申すところにて読み始めて四五日ばかりありて、思ひかへして読ませ給はで、常陸へはおはしまして候ひしなり。**

とあります。親鸞は佐貫で浄土三部経の読誦を始めたけれども、しばらく経って中止して常陸に移っていった、と書いています。なぜ読経を中止すると、佐貫の地を離れたのでしょうか。もしも三部経の読誦を自発的に始め、自発的に中断したのであれば、なにも佐貫の地を去る必要がありません。親鸞が佐貫の地を去らざるを得なかったのは、読経が現地の民衆の要請だったからだと思います。

たいへんな被害にあっているので、なんとかしてください、村人たちが雨乞いを頼みにくる。彼らの辛苦を目の当たりにした親鸞は、やむなく浄土三部経一千部読誦に踏み切った。しかし葛藤の挙げ句、親鸞は読経を中止して佐貫の地を立ち去ったのです。*

*常陸への旅の途中で親鸞が自発的に読経を始め、自発的に中止して常陸に向かったとも考えられなくはない。しかしその場合、彼がなぜ読誦のために佐貫に四、五日逗留したのかが説明できない。千ばつの被害は畿内から東国にまで及んでいる以上、衆生利益の読誦は旅を続けながら行えばよかったはずだ。佐貫に逗留していたことは、佐貫の民衆からの依頼を示唆している。

これは親鸞にとって、辛く厳しい決断であったと思います。だからこそ親鸞は、佐貫の体験をいつまでも忘れることができないのです。私は、自らの思想信条に反してでも、三部経の読誦に踏み切った親鸞が好きです。しかし他方では、やはりこれは違うといって辛い決断を下す親鸞も、私は好きであります。ここには、二つの慈悲の間で揺れ動く親鸞の心が見てとれます。聖道の慈悲と浄土の慈悲のはざまで、悩み苦しむ親鸞の姿があります。そして、この心の揺れがあればこそ、親鸞は「親鸞」なのです。

さて、親鸞はこの佐貫の地での体験を、寛喜三年（一二三一）四月に思い起こしています。なぜ、この時に思い出したのでしょうか。親鸞は高熱と頭痛に苦しんでいました。でも、その時、苦しんでいたのは親鸞だけではない。日本中が苦しんでいた。寛喜の大飢饉です。日本中世で飢饉は珍しくありません。しかしその中でも最大規模の飢饉が起こった。これが寛喜の大飢饉です。

親鸞が病いに倒れる前年、たいへんな冷害が日本を襲います。具体的に見てゆきましょう（『大日本史料』五―五、五―六）。寛喜二年六月九日、美濃《みの》（岐阜県）・信濃《しなの》（長野県）・武蔵国《むさしのくに》（埼玉県）に雪が降ります。陰暦の六月九日ですので、今でいえば七月の下旬です。「二寸ばかり」「平地三尺余り」とありますので、六センチから一メートル近く積もったようです。夏の真っ只中の大雪です。七月下旬に雪が積もれば、今でも怖い。まして当時は農業社会です。このあとどういう事態が待ち受けているか、身の毛がよだったはずです。『吾妻鏡《あずまかがみ》』によれば、「涼気過法《りょうきかほう》」ものすごく寒いため、「武州《ぶしゅう》はなはだ怖畏《ふい》せしめ給う」「武州殊《こと》に戦々兢々《せんせんきょうきょう》」とあります。「武州」は武蔵守《かみ》、北条泰時のことです。降雪情報が各地から入ってくるのを前に、泰時は恐怖に震えています。

京都でも藤原定家《ていか》は、日記に「六月の冷気いまだ見聞せず」「涼気、秋の如し」と記しています（『明月記』）。六月十七日には寒さのあまり綿入れを出しました。七月十六日には全国に霜が降りている。今で言えば八月の下旬です。そんな時期に諸国で霜が降りて「ほとんど冬天のごとし」「この両月の寒、冬のごとし」「日本中、冬のごとき大寒」ということです。夏の真最中に雪が降ったり霜が降りたり、真冬のような寒さだというのです。恐ろしい冷害です。

八月八日と九月八日には大風雨と洪水です。台風が来たのでしょう。「草木の葉は枯れ、偏《ひと》えに冬気のごとし、稼穀損亡《そんもう》す」「諸国損亡の聞こえ、日を逐《お》って耳に満つ」、冷害に台風の被害が重なって、大きな被害が出ています。北陸からは、田んぼの稲が立ったまま枯れているとの報告が入ってきます。四国も被害が甚大だし、九州からは「鎮西滅亡の飛脚」が到着します。「餓死《がし》者、数を知らず」、早くもこの時期から飢え死にする人が多数出ています。九月下旬になると朝廷も鎌倉幕府も大規模な祈禱を始めますが、効果は表れません。藤原定家は「凶年の飢え」のため、庭園を麦畑にしています。『小倉百人一首』の選者のような風流人ですら、丹誠込めた庭園を掘り返して、飢饉に備えなければなりませんでした。

ところが十一月下旬になると、今度は一転して暖かくなります。カッコウが鳴き、桜が咲いて、タケノコや麦が芽を出す。人々はあらそってそれを食べています。十二月十八日にはセミが鳴いた。そうかと思えば、また連日、霜が降りている。訳の分からない無茶苦茶な天気です。史料を見ているだけでも、鳥肌の立つような異常気象です。

年が明けると、飢饉はいっそう深刻になります。寛喜三年二月、京都では疫病が蔓延し、治安も悪くなって盗賊たちが横行している。鎌倉幕府はついに人身売買の許可に踏み切ります（鎌倉幕府追加法一一二）。中世では一般に奴隷売買が認められていましたが、平民身分の者を奴隷として売買することは禁止されていました。身分変更は認めないという方針だったのですが、それを改めます。「飢饉の年ばかりは免許せらる」、飢饉だということで、特別に平民の身売りを許可しました。なぜ、飢饉の時に身売りを認めるのか、その事情をよく示すのが、**写真2**に掲げた「うは太郎母人身質券《じんしんしちけん》」です。

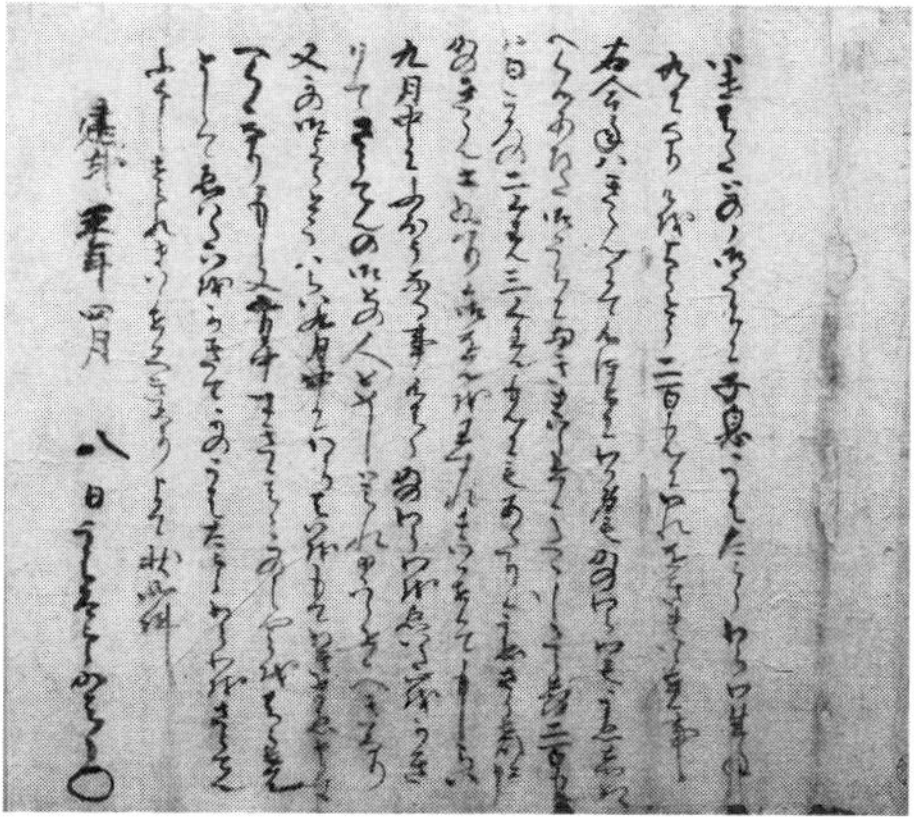

写真2　「うは太郎母人身質券」（個人蔵）

これは鹿児島の池端家に伝来した文書でして、母親が九歳の息子を質入れした史料です。建武五年（一三三八）四月八日のものですので、寛喜の大飢饉から一〇〇年ぐらい後の話です。史料を読んでみましょう。

いけはたとの《池端殿》、御うちに、子息うはたらう《太郎》わらわ《童》、生年九になり候を、ようとう《用途》二百もん《文》に、いれ《入》をき《置》まいらせ候事。

地域の有力者である「池端殿のところに、私の九歳の息子うはたらう《太郎》を二百文《もん》で質入れする件について」とあります。二百文は、今のお金に直すと二万円ほどです。その程度のお金で子が質入れされました。

右、今年ハきゝん《飢饉》にて候ほとに、わか身もかの《彼》わらわ《童》も、うえ《飢》しぬ《死》へく候あいだ、御うちにおき《置》まいらせ候。

「今年はたいへんな飢饉なので、このままでは私も息子も飢え死にしてしまう。だから二百文で息子を池端氏に質入れいたします」。質入れしたり身売りすれば、少なくとも食べることができる。命だけは助かる。でも、一旦奴隷になると、子も孫も奴隷として生きてゆくしかありません。奴隷は家畜と同じです。この母親はまだ息子をなんとかしたいと考えていましたので、売却ではなく、質入れを選びました。

たうし《当時》の二百もんハ、日ころの二くわんもん《貫文》にもあたり候。

飢饉ですので、奴隷の値段が暴落しています。「たうし《当時》」とは今のことです。今の二百文は平常時の二貫文に相当する、と書いています。身売りが激増したため、奴隷の値段が一〇分の一に下落したのです。

かの《（彼）》御ようとう《（用途）》ハ、らい《（来）》九月中に、いちはい《（一倍）》をもて、わきまえ《（弁）》申所ち《（実）》、なり。

「質入れでお借りした費用は、今度の九月中に必ず二倍で弁済いたします」とあります。中世でいう「いちはい《（一倍）》」は今の二倍のことです。「人一倍努力する」の「一倍」ですね。九月になると収穫がある。その時なら何とかなるので、四百文を支払って息子を身請けする、と母親は言っています。利息は半年で一〇〇%です。ものすごい高利ですね。

もしらい《（来）》九月中に、ふほう《（不法）》なる事候は、、か《（彼）》のわらわ《（童）》を、えいたい《（永代）》をかきり《（限）》て、さうでん《（相伝）》の御との《（殿）》の人と、めし《（召）》とら《（取）》れまいらせ候へきなり。

「もしも今度の九月中に返せないことがあれば、あの子を永遠に相伝の奴隷にしていただいて結構です」。九月中に四百文を払えなければ、九つの「うは太郎」は奴隷になってしまいます。お母さんは、「秋になったら必ず迎えに行くから、それまで池端さんの家で我慢するんだよ」、そう約束をして「うは太郎」を送り出したはずです。お母さんは約束を守れたのでしょうか。身請けすることができたのでしょうか。

残念ながら、約束は守れませんでした。なぜそのことが分かるか。この史料が残っています。もしもお母さんが身請けしたなら、その時点でこの史料は廃棄されます。破棄されて残りません。この史料があるということは、「うは太郎」の売買証文としてこの文書が保管されたことを意味しています。

でも、「うは太郎」はまだ奴隷としては幸せなほうです。奴隷は遠隔地に転売するのが一般的です。東国に売られれば、土地勘も身寄りもありませんので、逃げることができません。さらに十六世紀に南蛮貿易が盛んになると、これまで国内で取り引きされていた奴隷は海外に売られてゆきました。南米、アルゼンチンのコルドバ大学には、一五九六年に二十一歳の日本人男性が八百ペソで売られた証文が残っています。このように、多くの日本人が奴隷として世界中に売られてゆきました。それに比べれば、「うは太郎」はまだ幸せです。なぜか。池端氏は「うは太郎」の証文をずっと保管しています。転売しなかった。つまり「うは太郎」は、自分が育った地域で生きてゆくことが許されたのです。

さて、「うは太郎」のお母さんが息子を質入れしたのは、四月八日のことです。普通の年でも四月というのは食べ物の端境期《はざかい》です。前の年の収穫物を食べつくしたが、次の年の収穫物がまだ入ってこない、こういう端境期ですので、普通の年でも三月四月は死亡率が高かった。飢えることが多かった。まして飢饉の年ともなれば、三月四月がピークになる。

寛喜三年（一二三一）三月十九日、鎌倉幕府は米を放出します。飢えた民衆を救おうとしますが、焼け石に水です。四月六日、京都でも「餓死の死人、道路に充満す」とのことです。鎌倉でも、京都でも、餓死の死体が街中に散乱していて道も歩けない。飢饉はピークを迎えました。こういう状況の中で親鸞は、東国の寒村で高熱を出し一人悶々と臥せっていたのです。寛喜三年四月四日から十一日のことです。この病いが、ただの風邪であろうはずがありません。親鸞は看病を拒絶します。高熱と頭痛が続いていましたが、辛いのはそれではありません。

親鸞のことです、できることはやったに違いない。そしていま夢の中で、無量寿経を一心に転読しています。「この深刻な冷害を何とか終わらせてほしい」、その痛切な願いが親鸞を読経に走らせました。この災害を終わらせることができるなら、読経でも何でも、あらゆるものに親鸞はすがったはずです。親鸞はこの時、聖道の慈悲に懸けました。でも、この飢饉は鎌倉幕府ですらどうにもできません。親鸞の小さな善意で何とかなるようなものではありません。

親鸞の信心は決定《けつじょう》していました。確かに極楽往生のためには、念仏信心が唯一絶対です。この点についての確信は揺るぎないものだったでしょう。しかし今、親鸞が直面しているのは極楽往生の問題ではありません。飢饉のなかで子を亡くし、家族を亡くし、人間性すら喪失しかねない状況に人々は追いこまれています。奴隷にしてでも子たちを生き延びさせるべきか、それとも奴隷にするくらいなら、家族みんなで死んだほうがマシなのか。

人々は究極の選択を迫られています。そして、答えの出ない問いを反芻しながら倒れてゆきました。こういう状況のなかで、何を語ることができるのでしょう。何もできない、言葉をかけることすらできない、その無力さに打ちのめされるなかで親鸞は「まはさてあらん」と叫んだ。「今はそうしよう」。そうです。浄土門の慈悲に懸けることを決意したのです。

念仏では飢饉は救えません。当然のことです。だけど、他の何ものでも、やっぱり飢饉は救えない。となれば、せめて彼らの心に寄り添いながら、一緒に南無阿弥陀仏を唱えていこう。親鸞はそう決心します。覚悟を決めました。そう思い定めた時、親鸞の病いは自然と癒えました。

『歎異抄』第四条は、このようにして生まれました。寛喜の大飢饉という極限状況のなかで絞り出すようにして生み出された言葉、これが『歎異抄』第四条なのです。それに対して、屁理屈をこねて、こざかしい批判をしても始まりません。

でも、それでもやはり私は、『歎異抄』第四条は違うのではないか、と思います。なぜなら、親鸞という人物の生涯が、その結論を裏切っているからです。親鸞は決して浄土の慈悲で首尾一貫していたのではありません。悩み苦しみ、揺れ動きながら、何とか浄土の慈悲にたどり着きました。

弾圧されても親鸞の信心は揺らぎませんでした。でも、民衆の苦難を前にした時、親鸞の心が揺れます。信心が千々に乱れます。この柔らかな感受性、そのゆらぎ、親鸞という人物のすべてが、ここにあります。

私たちのこの世界に、もしもあり得べき慈悲のかたちがあるとすれば、私はそれは浄土の慈悲でもなければ、聖道の慈悲でもないと思います。では、それは何か。二つの慈悲の間で悩み苦しむこと、これこそがあり得べき慈悲の姿ではないか、私はそう思います。そして親鸞はその生涯を通じて、二つの慈悲のはざまで思い悩み苦しみました。親鸞は言葉ではなく、その生涯をもって私たちに、真実の慈悲の姿を示してくれている、私はそのように思います。私は『歎異抄』第四条よりも、親鸞の生涯のあゆみを大切にしたい、そう思うのです。

第六章　親鸞の思想構造

二冊の高校教科書

本章では、善人悪人観を基軸に親鸞の思想を考えてゆきます。親鸞の思想は一般に悪人正機説と呼ばれています。そこでまず高校日本史の教科書で、親鸞をどのように説明しているか、見ておきましょう。

【山川】親鸞もこの時、法然の弟子の一人として越後に流されたが、のちに関東の常陸に移って師の教えを一歩進めた。煩悩の深い人間（悪人）こそが、阿弥陀仏の救いの対象であるという悪人正機を説いたが、その教えは農民や地方武士のあいだに広がり、やがて浄土真宗（一向宗）とよばれる教団が形成されていった。

【実教】親鸞は、阿弥陀仏への他力信心だけが本当の仏法であると説いた。そしてすべての人間は平等に悪人であり、その自覚が救済につながるという悪人正機説（悪人正因説）を唱え、のちに浄土真宗の開祖と仰がれた。

二つの教科書（二〇一八年度版）の記述を並べてみました。最初のほうが山川出版社の『詳説日本史B』です。圧倒的なシェアを誇っていて、大学受験生の半数以上がこれを使っています。傍線部を見てください。「煩悩の深い人間（悪人）こそが、阿弥陀仏の救いの対象であるという悪人正機を説いた」とあって、悪人正機説の内容を分かりやすく説明しています。「機」「機根」というのは、仏教では人、および人間的な資質のことを指しますので、「正機」というと「中心として救われるべき人」の意になります。阿弥陀仏が悪人を救済の中心対象にしているというのが、悪人正機説という概念の意味です。ですから、【山川】の記述は悪人正機説の説明としては非常に的確です。でも問題は、親鸞がこれを説いたのか、というところにあります。親鸞はこんな教えを説いていません。むしろこれは、法然や親鸞が乗り越えようとした伝統的な浄土教の考え方です。

もう一つは実教出版社の『日本史B』です。「すべての人間は平等に悪人であり、その自覚が救済につながるという悪人正機説（悪人正因説）を唱え」とあります。これは私が執筆した文章ですが、残念ながらここにも問題があります。この文章は、親鸞の思想のポイントを正確に、そしてシンプルに記したものだと自負していますが、しかしこれは悪人正機説ではありません。悪人正因説です。

なぜ、こうした混乱が起きるかというと、親鸞の思想が悪人正機説でないにもかかわらず、悪人正機説だという見方が固定観念になっているからです。それが社会常識となっているため、悪人正機説という概念内容に即して記述すると、親鸞と懸け離れた説明になってしまう。でも親鸞の思想に即して説明すれば、その内容は悪人正機説ではなくなるわけです。

こうした混乱が生じた原因は、覚如にあります。親鸞の曾孫で本願寺を実質的につくりあげた人物ですが、彼が親鸞の思想を悪人正機説で説明した。私はこれは親鸞思想の歪曲だと思いますが、しかし覚如の立場からすれば、南北朝時代という新しい時代に適合するよう、親鸞の教えを修正したということになるのでしょう。

ところで私は、先に悪人正因説という言葉を使いました。悪人正機説と非常に紛らわしい用語です。混乱しかねません。こういう造語を使わずに済むのであれば、できれば使いたくない、研究者もそう考えています。でも、この用語は必要なのです。覚如の呪縛から親鸞を解き放つには、悪人正因説という概念がどうしても必要でした。そこでまず、その理由から見てゆきましょう。

悪人正因説の語は必要なのか

悪人正機説という概念には混乱があります。このことに最初に気づいたのは、重松明久氏です（『日本浄土教成立過程の研究』平楽寺書店、一九六四年）。重松さんは家永三郎氏の親鸞研究を検討するなかで、このことに気づかれました。家永さんとは、あの教科書裁判の家永さんです。日本の思想や文化史研究の第一人者であり、親鸞についても造詣の深い方です。ところが家永氏の議論には混乱があった。

家永さんは悪人正機説を「親鸞の独自の立場を最もよく代表する思想」と評しています。これは現在でも、普通に言われていることです。ところが家永さんは他方で、悪人正機説を浄土教における伝統的思潮と考えていて、「悪人正機説の創唱を何時何人がと精密に限定しようとすることはあまり意味のない追究」だと述べています（『中世仏教思想史研究』法藏館、一九四七年、五頁・一九頁）。

この二つの発言は矛盾していますね。悪人正機説がもしも浄土教の伝統的思潮であれば、親鸞独自の思想とはいえません。逆に親鸞独自の思想が悪人正機説であるならば、それは伝統的思潮であるはずがない。二つの見方は両立しません。

では、この二律背反をどうすればよいか。どうすればこの矛盾を乗り越えることができるでしょうか。取り得る方法は二つです。第一は、親鸞に思想的独自性がなかった、とすることです。親鸞を浄土教の伝統的な教えを墨守した凡庸な宗教家であったと考えれば、先の矛盾を処理することができます。でも、浄土教の教理史を少しでもかじったなら、親鸞の独創性は明らかですので、この考えをとる研究者はいません。

取り得るもう一つの方法は、概念を分けることです。こうして、浄土教における伝統的思潮を悪人正機説、そして親鸞独自の思想を悪人正因説として整理しなおそうという学説が登場します。重松氏や熊田健二・河田光夫氏や私がこの立場をとっています。

悪人正因説という概念を別立する必要があると考えるようになったのには、もう一つ理由があります。正機説や正因説の議論をする時に最も重要となるのが次の二つの史料です。『歎異抄』第三条と『口伝鈔』です。

【歎異抄】 善人なをもて往生をとぐ、いはんや悪人をや。しかるを世の人常に云はく、悪人なを往生す、いかに況や善人をや。この条、一旦その謂《いわ》れあるに似たれども、本願他力の意趣に背けり。（中略）煩悩具足のわれらは、いづれの行《ぎょう》にても生死《しょうじ》を離るる事あるべからざるを、哀れみ給ひて願を起こし給ふ本意《ほい》、悪人成仏のためなれば、他力を頼みたてまつる悪人、もとも往生の正因なり。よて、善人だにこそ往生すれ、まして悪人はと、仰《おお》せ候ひき。

【口伝鈔】 一　如来の本願は、もと凡夫のためにして、聖人のためにあらざる事

本願寺の聖人、黒谷《くろだに》の先徳《せんとく》より御相承《ごそうじょう》とて、如信《にょしん》上人おほせられていはく、世のひと常に思へらく、悪人なをもて往生す、いはんや善人をやと。この事、遠くは弥陀

の本願に背き、近くは釈尊出世《しゆつせ》の金言に違《い》せり。（中略）悪凡夫を本として、善凡夫をかたわらに兼ねたり。かるが故に、傍機たる善凡夫なを往生せば、もはら正機たる悪凡夫いかでか往生せざらん。しかれば善人なをもて往生す、いかにいはんや悪人をやと言うべし、と仰せごとありき。

詳しい説明はあとに回しますが、『歎異抄』は直弟子の唯円が伝えた親鸞の言葉であり、『口伝鈔』は覚如が伝えた親鸞の言葉です。二つの話はよく似ています。しかし、この二つは語っている思想内容がまったく違う、と初めて気づいたのが重松明久氏です。悪人正因説という新しい概念がなぜ必要になったかというと、この二つの内容が根本的に違うと考えたからです。『口伝鈔』が悪人正機説を説いている以上、『歎異抄』には別の概念が必要になる。こうして、悪人正因説論が登場しました。この二つの内容が同じかどうか、傍線部分に着目しながら、じっくりお考えいただければと思います。

悪人正機説

では、悪人正機説は浄土教の伝統的な考えなのでしょうか。これは事実です。七世紀、中国唐代の思想家に迦才《かさい》という僧侶がいます。彼は『浄土論』という書物のなかで、

浄土宗の意《こころ》は、本は凡夫《ぼんぷ》のため、兼ねては聖人《しょうにん》のためなり。

と述べました。凡夫正機説とでも言うべき考えですね。「凡夫」というのは煩悩を背負った普通の人のことです。また、「聖人」は日本では親鸞聖人、日蓮聖人のような使い方をしますが、本来は大乗仏教・小乗仏教の菩薩などの聖者《しょうじゃ》を指す言葉です。ですから『浄土論』の文章は、「阿弥陀仏の救済対象の中心は煩悩をもった普通の人であって、菩薩・聖者は二次的に救われる」という意味になります。「凡夫」と「悪人」という言葉の違いはありますが、「凡夫」は「凡愚」と同じく、仏教の教えを知らず世俗にまみれた愚か者という意味ですので、凡夫正機と悪人正機との間にたいした違いはありません。このように、悪人正機説と実質的に同じ考えが、中国の迦才によってすでに提起されています。

迦才の凡夫正機説は、古代の段階から日本の仏教界で関心をもたれていました。そのことを示すのが『遊心安楽道』という書物です。この本には、迦才とまったく同じ文章が登場します。というか、日本ではむしろ先の文章は『遊心安楽道』の文として知られています。『遊心安楽道』は新羅の元暁（六一七～六八六）の著作とされてきましたが、最近の研究によれば、実はそうではないらしい。八世紀に東大寺智憬が撰述したという説や、十世紀ごろに延暦寺の僧侶が作ったものではないか、と言われています（愛宕邦康『『遊心安楽道』と日本仏教』法藏館、二〇〇六年、落合俊典「遊心安楽道の著者」『華頂短期大学研究紀要』二五号、一九八〇年）。著者が東大寺の僧であれ、延暦寺の僧侶であれ、日本の仏教界では早くから凡夫正機説に関心をもっていたことを示しています。

実際、こういう考えは特に珍しいものではありません。次の史料を見てみましょう。

利益《りやく》の世に新《あら》たなるや、末代ほとんど上代に過ぎ、感応《かんのう》の眼に満《み》つるや、悪人かえって善人に超《こ》ゆ。

（解脱貞慶『地蔵講式』）

霊術の世に被《こうむ》るや、末代ほとんど上代に過ぎ、感応《かんのう》の眼に満《み》つるや、悪人かえって善人に超《こ》ゆ。

（『安居院唱導集』上巻三七一頁）

最初のものは、貞慶が建久七年（一一九六）に執筆した『地蔵講式』の一節です。彼はこの九年後に興福寺奏状を書いて専修念仏の弾圧を要求しました。後者の執筆者は不明ですが、建暦二年（一二一二）に春日社で唯識十講を行った時の興福寺僧の表白《ひょうびゃく》です。前者は地蔵菩薩、後者は春日大明神をたたえたものですが、文章は非常によく似ています。前者は、「地蔵菩薩のご利益は、善人よりも悪人のほうが顕著だ」と言っています。なぜ悪人のほうが霊験があらたかなのかといえば、お地蔵さんは悪人の救済を中心とした菩薩だからです。後者でも、「春日明神の救済は善人よりも悪人のほうが顕著だ」と述べています。つまり悪人の救済を第一にしているという点で、これらも悪人正機説と言ってよいでしょう。建永の法難（一二〇七年）の以前においても、また以後においても、興福寺系の僧侶が悪人正機説を表明しています。専修念仏への弾圧要求と、悪人正機説の表明は矛盾しないのです。
もう一点史料を挙げておきましょう。『沙石集』一─三「出離《しゆつり》を神明《しんめい》に祈《いのる》事」です。

①智門は高きを勝《すぐ》れたりとし、悲門は下《くだ》れるを妙《たえ》なりとす。（中略）②大悲の利益は等流《とうる》の身、殊《こと》に劣機《れつき》に近づきて、剛強の衆生を利する慈悲、勝れたり。（中略）③諸仏の利《り》益《やく》も苦《くるし》みある者、偏に重《おもく》す。

少しむずかしいですが、意味を取りながら、じっくり読みましょう。まず①「智門は高きを勝《すぐ》れたりとし、悲門は下《くだ》れるを妙《たえ》なりとす」とあります。智門と悲門は仏菩薩がもっている二つの能力を指します。智門は真理を知る力、智恵です。智恵は高いほうがよい。一方、悲門は衆生を救済する慈悲です。こちらのほうは「下れる」、つまりより下位の衆生を救う仏のほうがすばらしい。悪人を正機として済度する阿弥陀や地蔵菩薩は、この悲門に卓越した仏菩薩といえるでしょう。
②「大悲の利益は等流《とうる》の身、殊《こと》に劣機《れつき》に近づきて、剛強の衆生を利する慈悲、勝れたり」。このうち「等流の身」は、救済のために仏菩薩がさまざまな姿をとって現れることをいいますが、ここでは神の姿をとったことを指します。「劣機」は機根《きこん》の劣った者、人間的な資質の劣った愚者・凡夫・悪人をいいます。意訳すると、「仏菩薩は救済のために

神の姿をとって悪人に近づき、頑迷な衆生を何とか救済しようとしている。神はその慈悲の力が特にすぐれている」の意になります。それゆえ、③諸仏の救済は、より苦しんでいる者のほうが手厚くなります。苦しみの深い者を救済するのが、悲門における仏菩薩の在り方なので、悪人や劣機のほうが仏の慈悲が手厚くなる、と述べています。典型的な悪人正機説です。

この『沙石集』は、鎌倉中期に無住《むじゅう》（一二二六〜一三一二）が執筆した仏教説話集です。浄土教にも造詣が深く、善導《ぜんどう》を援用しながら、法然門下における諸行往生の否定を厳しく非難しています。法然や親鸞とは立場を異にした人物ですが、その無住が悪人正機の考えを表明しているところが重要です。つまり無住においても、悪人正機説の表明と専修念仏批判とが矛盾なく併存していたわけです。

以上を前提にすると、『口伝抄』の次の文章も理解しやすいはずです。

> 如来の本願は、もと凡夫のためにして、聖人のためにあらざる事、（中略）傍機たる善凡夫なを往生せば、もはら正機たる悪凡夫いかでか往生せざらん。しかれば善人なをもて往生す、いかにいはんや悪人をやと言うべし。

「悪凡夫」を「正機」と言っているのですから、これは悪人正機説そのものです。訳してみましょう。「阿弥陀仏の誓願は、煩悩をもった普通の人を救うためであり、菩薩・聖者のためではない」、それゆえ「二次的な救済対象である善い人ですら救われるのだから、一次的救済対象である悪い人が救われるのは当然だ。だから「善い人でも往生できるのだから、悪い人が往生できるのは当然だ」というべきだ」。このように、『口伝抄』が語る悪人正機説は、『沙石集』に見えた悲門の考え、貞慶や興福寺僧の悪人救済論と基本的に同じです。つまり悪人正機説は顕密仏教が口にした思想なのです。少なくともそれは、七世紀以来の浄土教の伝統的な考え方であって、日本で誕生した教えではありません。

常識的な仏教観に立脚したうえで、悪人の救済を中心に請け負う特殊な神仏を設定する。阿弥陀仏であり、地蔵菩薩であり、春日大明神であり、日本の神々一般です。これが悪人正機説です。それは確かに救済思想でありますが、当時、民衆が悪人と蔑視されることが多かったことを思えば、……少しきつい言い方になりますが、それは民衆の愚民視を随伴した救済論でもあります。

醍醐寺覚済が『迷悟抄』（一二七二年）で、浄土門は「一向愚痴無智の者の為」の「方便の説」であって、「根性利《り》ならん人の為には益あるべからず」と述べているのは、その表れです。「浄土教はバカな連中にあてがう大衆宗教なので、まともな人には役に立ちませんよ」と言っています。悪人正機説がもつ一面を的確に言い表しています。また、法然の弟子に熊谷直実がいますが、彼について次のような風評が立ちました。「いつまで経っても、法然が熊谷直実に念仏以外の行《ぎょう》を教えないのは、直実がバカだからだ」。悪人正機説がもつ差別性が現実のものとなっていることが分かります。

悪人正機説がもつこのような思想的な難点は、女人正機説を見るとよく理解できます。南北朝時代から盛んに語られた教えでして、阿弥陀仏は女性を救済の中心にした、という考えです。つまり女性が正機で、男性は傍機となります。なぜ女性が弥陀の正機なのかといえば、女性は男より罪が重いからです。そのため女人正機を説いた文献では、女性の愚かさや罪深さを執拗なまでに説いています。「疎《うと》むべし、厭《いと》うべし。女人に賢人なし。胸に乳ありて心に智なきこと、げにげに女人なり」（聖聡《しょうそう》『大経直談要註記』）のような話が、延々と繰り返されています。

ありていに言えば、女人正機説は「女は男よりバカだから、弥陀はバカな女をまず救済する」という教えです。それは確かに救済の教えではありますが、女性をバカにした差別的救済論です。そして悪人正機説もそれと同じ難点を抱えています。

悪人正機説の克服——法然

こうした悪人正機説の思想的問題に気づいたのが、法然であり親鸞です。そこで法然は、浄土門の救済対象を悪人・凡愚に限定するのではなく、人間一般に広げました。

念仏往生の願は有智無智を選ばず、持戒破戒を嫌わず、少聞少見を云わず、在家在俗を云わず、一切の心ある者は唱え易《やす》し、生まれ易《やす》し。（中略）万機《ばんき》を一願に摂し、千《せん》品《ぼん》を十念に納む。この平等の慈悲を以て、普《あまね》く一切を摂するなり。（『無量寿経釈』）

「万機」「千品」は、すべての人、多様な人々という意味です。浄土教はすべての人のためのものであって、悪人凡愚だけを対象にしたものではない。ありとあらゆる人々を包摂している点こそ、浄土教がほかの諸宗より卓越しているところだ、と法然は主張しました。

さらに法然は、念仏は弥陀が選ばれた唯一の往生行であるという、選択《せんちゃく》（せんじゃく）本願念仏説を樹立します。これまで南無阿弥陀仏、称名念仏は「無智のもの」にあてがわれた一時しのぎの方便と考えられてきたのですが、法然はこの称名念仏こそが唯一の往生行だと主張します。これがただ一つのまことの行であって、これ以外に往生行はない、というのが法然の考えです。そして、「念仏は、真言・止観に耐えられない連中向けの簡便な行だ」といった顕密仏教の考えを、「極めたるひが事」と論難しています。

つまり念仏はレベルの低い連中向けの大衆宗教だという考えに対し、念仏はすべての人を対象にした教えである、と法然は主張しました。そうすることによって、熊谷直実がうけたような嘲笑を解体しようとしたのです。悪人・凡愚のための教えを、普遍的人間の教えへと昇華させたのが、法然という思想家の重要な達成です。そしてこうした普遍化への努力が、一切衆生は平等に愚者であるとする、法然の人間的平等観に連なったのです。

第三章の「専修念仏と偏執」の項でも述べたように（一三三頁）、顕密仏教と法然との対立点は、南無阿弥陀仏しか唱えることのできない人々を、どういう存在と捉えるか、にありました。彼らはレベルの低い「劣根一類」なのか、それとも彼らこそ「まことの心」の持ち主なのか、ここが分岐点です。確かに法然のもとには、愚痴・無智の人々が多く集まってきました。しかしそれは彼の教えが、無智の人のための教えであったことを意味するのではありません。彼らに「皆さんは決して無智ではない。もしも皆さんが無智だとすれば、私たちすべての人間が無智であるように、皆さんもまた無智なだけだ。自分を卑下してはならない」と語りかけ、彼らに人間としての自信や尊厳を取り戻させたところに、法然思想の本質があります。だから愚痴・無智の人々が法然の教えに惹かれたのです。逆にいえば、顕密仏教にはこうした言説が、大衆に迎合するいかがわしい教えと映りました。

このように法然は、悪人のための教えを、人間のための教えに変えようとしました。法然は、悪人正機説を乗り越えようとしたのです。

悪人正機説の克服——親鸞

法然のこうした姿勢を、親鸞も継承しました。法然が「後世《ごせ》の事は、善《よ》き人にも悪《あ》しき

図5　親鸞の善人悪人観

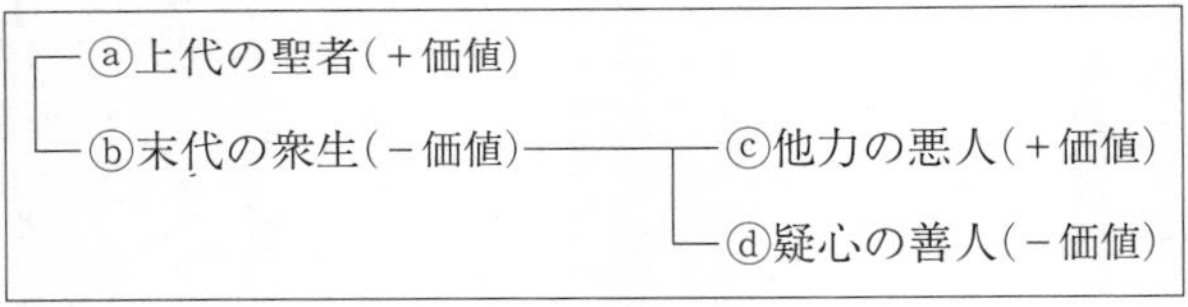

にも、同じやうに、生死《しょうじ》いづべき道をば、たゞ一筋に仰せられ」たことに（恵信尼消息）、親鸞が感銘をうけたというのは、第二章でお話ししましたが（九〇頁）、それがこの悪人正機説の克服の問題です。浄土教の救済や称名念仏を悪人のためのものと限定するのではなく、それを普遍化しようとする法然の姿勢に、親鸞も共感したのです。

もう少し詳しく見てゆきましょう。**図5**をご覧ください。親鸞の善人悪人観を図示したものです。一般に「善人」「悪人」というと「善い人」「悪い人」の意味で使われていますが、親鸞の場合は独特です。親鸞の思想を悪人正機説や悪人正因説と呼んでいますが、本当のことをいえば、「悪い人」を阿弥陀仏の救済の正機としたり、「悪い人」を往生の正因とする考えは親鸞にはありません。ここは非常に重要なポイントです。顕密仏教は「悪い人」を弥陀の正機としてきた（悪人正機説）のですが、それに対し親鸞は悪人正機説を末代衆生正機説に転換しました。それに関わるのが、**図5**の「ⓐ上代の聖者（＋価値）」と「ⓑ末代の衆生

（＝価値）」です。

この議論の前提には、「末代の衆生」はすべて平等に「悪人」だ、という考えがあります。なぜ、私たちはすべて「穢悪の群生《ぐんじょう》」であり、「悪人」なのでしょうか。

われらは善人にもあらず、賢人《けんじん》にもあらず、（中略）懈怠《けたい》の心のみにして、うちは虚しく偽り、かざり、へつらう心のみ常にして、まこと（誠）なる心なき身なり、と知るべし。
（『唯信鈔文意《もんい》』）

末代に生きる私たちは、もはや「善人」でもなければ「賢人」でもない。「まこと（誠）なる心」をもち得ない悪人だ、と慨嘆しています。末法の世には、本当の意味での善人も、本当の意味での善行もあり得ない。真実の善はもはや失われていて、私たちが何か善いことをしても、それは汚辱にまみれた偽善でしかない、というのです。

正像末の三時には、弥陀の本願ひろまれり、
　像季末法のこの世には、諸善龍宮《りゅうぐ》に入りたまふ
悪性《あくしょう》さらに止めがたし、心は蛇蝎《じゃかち》のごとくなり、
　修善《しゅぜん》も雑毒《ぞうどく》なる故に、虚仮《こけ》の行《ぎょう》とぞ名づけたる

『正像末和讃』です。末法の世界では善《よ》き行いは龍宮に隠れてしまい、もはや人間世界に真実の善根《ぜんこん》は存在しません。あるのは嘘、偽りの「虚仮《こけ》の行《ぎょう》」だけです。真実の善根も、

本当の修善も存在しないのですから、聖道門による悟りはあり得ません。

かつてお釈迦さんがいらした時代には、立派な善人や賢人がおり、「上代の聖者」がいました。でも、今はそのような人は誰もいない、悪人だけだ、ということです。末法の世では「善い人」と「悪い人」の区別は消え去って、「末代の衆生」すべてが平等に悪人、ということになります。

では、なぜ私たちはすべて悪人なのでしょうか。教理的な説明を離れて考えてみましょう。親鸞は言います。「さるべき業縁の催さば、いかなる振る舞ひもすべし」(『歎異抄』一三)。ある状況に追い込まれたなら、私たちはどんなことでもやってしまうだろう、と言っています。たとえば、私は庖丁で人を傷つけたことがありませんが、それは私が「善い人」だからではありません。庖丁で人を傷つけなければならないような深刻な状況に、私自身が追い込まれた経験がない、ただそれだけのことです。私は「善い人」なのではなく、ただ運がよいだけです。極限状況に追い込まれれば、人間の取り得る選択肢などタカが知れています。その時、自分がいったい何をするか、正直いって私には自信がありません。私たち個々人が何をやったかが問題ではありません。私たちは状況次第で、どんなことでもやりかねない。だから、私たち(「末代の衆生」)はすべて悪人たらざるを得ないのです。

そして、このことを前提にして親鸞は悪人正機説を改変してゆきます。『教行信証』に、

未来の衆生、往生の正機たることを顕わすなり。

という文章が見えます。ここでいう「未来の衆生」とは、釈迦が亡くなって以後の人々を指しています。ですから、仏滅後の衆生が阿弥陀仏の正機ということになる。お釈迦さんがいらした時代の菩薩・聖者が救済の傍機であり、仏滅後の人々が弥陀の救済の中心です。

同じく『教行信証』には、

聖道《しょうどう》の諸教は在世正法《ざいせしょうぼう》のためにして、全く像末法滅の時機に非ず。

という一節があります。ここでいう「時機」とは、「時」は時代であり、「機」は機根のことです。意味をとると、「自力で悟りを開こうとする聖道門の教えは、釈尊在世の時代や、釈迦の影響が色濃く残っている正法の世には有効であった。しかし像法・末法や法滅の世には、時代からみても、人間の資質からみても、その教えはふさわしくない」となる。つまり「上代の聖者」には聖道門の自力の教えでよかったけれども、「末代の衆生」にはそれではダメで、浄土門の他力の教えしか救済の手段が残っていません。逆にいえば、浄土門しか救済の手段がない「末代の衆生」が、阿弥陀仏の正機と言えるでしょう。

これまで顕密仏教は、次のように考えました。「善い人」は聖道門で自力で悟りを開くので、阿弥陀仏は彼らの面倒をみる必要がない。でも、「悪い人」は能力的に劣っているので、阿弥陀仏に救ってもらうしかない。だから阿弥陀仏は「悪い人」を救済の正機に据えた。これが悪人正機説です。
ところが親鸞は、「悪い人」を正機とする考えから、「末代の衆生」を正機とする考えに転換しました。「末代の衆生」はすべて悪人なのですから、阿弥陀仏は「末代の衆生」を救済の正機とした。傍機は「上代の聖者」です。これによって阿弥陀信仰は、「悪い人」のための大衆宗教から、「末代の衆生」すべてが信仰しなければならない普遍宗教に転化しました。阿弥陀信仰の普遍化という点で、法然と同じ姿勢がここには見えます。

疑心の善人

親鸞にあっては、末代のすべての衆生は平等に悪人であって、「善い人」と「悪い人」の区別は存在しません。しかし、末代の衆生がすべて同質かというと、そうでもない。

罪福ふかく信じつつ、善本修習《ぜんぽんしゅしゅう》するひとは、
　疑心の善人なる故に、方便化土にとまるなり
自力称名のひとは皆、如来の本願信ぜねば、
　疑ふ罪の深きゆへ、七宝《しっぽう》の獄にぞいましむる
仏智《ぶっち》疑惑の罪により、懈慢辺地《けまんへんぢ》にとまるなり、
　疑惑の罪の深きゆへ、年歳劫数《ねんさいごうしゅ》をふると説く

『正像末和讃』を抜粋したものですが、ここの議論はかなり独特です。自力の人々は弥陀の本願を疑った罪を背負っており、その「仏智疑惑の罪」のために、彼らは方便化土で「七宝の獄」につながれます。極楽に往生することはできるものの、そこは本当の極楽ではありません（方便化土）。彼らが本物の極楽（報土）に生まれ変わるには、長い歳月をかけて「仏智疑惑の罪」を償うことが必要です。

この自力の人々を、親鸞は「疑心の善人」「自力称名のひと」「善本修習するひと」と呼んでいます。ここではそれを「ⓓ疑心の善人」（**図5**）という言葉にまとめておきましょう。「疑心の善人」は「まこと（誠）なる心」をもち得ない「末代の衆生」でありながら、そのことに気づかず、自分を善人だと思っている人のことです。悪人でありながら、そのことを自覚していない人です。普通、「善人」といえばプラス価値の言葉ですが、親鸞の場合は「疑心の善人」というマイナス価値の言葉に変化しています。でも、信心をもてない人、自覚の足りない人がマイナス価値であるのは当然でしょう。

そしてこの「疑心の善人」は、親鸞の主著『教行信証』化身土巻にも登場しています。

凡《およ》そ大小聖人・一切善人は、本願の嘉号《かごう》を以て己《おの》が善根となす故に、信を生ずること能《あた》わず、仏智を了《さと》らず、彼の因を建立せることを了知《りょうち》する能《あた》わざるが故に、報土に入ること無きなり。

「大小聖人」つまり大乗仏教・小乗仏教の聖人たちや、「一切善人（すべての善人たち）」は、念仏を唱えることを自分の善根と考えているため、彼らは真実の信心を得ることができず、弥陀の誓願の意味も理解することができない、それゆえ彼らは報土に往生することはない、と述べています。自力念仏を批判した文章ですが、ここに登場する「大小聖人・一切善人」は本当の信心を得ることのできない人々ですから、マイナス価値の「疑心の善人」です。このように「疑心の善人」概念は、親鸞の主著『教行信証』にも見えています。

ところが困ったことに、親鸞の著作には「疑心の善人」に対応する反対概念が登場しません。信心をもてない人々を「疑心の善人」と呼んだのであれば、信心をもった人についての独自概念があるはずです。しかし親鸞の作品をいくら調べても、ペアの片割れが出てこない。悪人正機や正因をめぐる議論が複雑になった一番の原因はこれです。

親鸞の文献をいくら捜してもこの反対概念が見つかりません。でも、親鸞が「疑心の善人」という用語を使っている以上、彼の頭のなかでは反対概念が想定されていたはずです。それは何でしょうか。予想してみましょう。まず、「疑心」の反対は「信心」とか、「他力」です。「善人」の反対は「悪人」ですので、ここでは「ⓓ疑心の善人（－価値）」の対概念を「ⓒ他力の悪人（＋価値）」と呼ぶことにします。悪人という言葉は普通はマイナス概念なのですが、これはプラス価値の言葉になります。悪人であることを自覚して他力信心に帰入した人のことですから、「他力の悪人」が肯定的なプラス価値であるのは当然です。

この「ⓒ他力の悪人（+価値）」概念は親鸞の著作には一切登場しません。ところがその言葉が見える文献が一つだけある。『歎異抄』です。『歎異抄』第三条に「他力を頼みたてまつる悪人、もとも往生の正因なり」と出てきます。「他力を頼みたてまつる悪人」というのは、私が想定した「他力の悪人」とたいへんよく似ています。しかも、「他力を頼みたてまつる悪人」を往生の正因だと言っています。「正因」とは往生のための必須要件のことです。「他力を頼みたてまつる悪人」は往生の必須要件に叶っていると述べているのですから、ここでの悪人概念はプラス価値ということになります。こうして想定通りの用語を、『歎異抄』で見つけることができました。

親鸞の著作には、「疑心の善人」しか見えませんが、そこから「他力の悪人」概念の存在を推測することができる。そしてその予測どおりの「他力の悪人」概念が『歎異抄』で確認することができました。この事実は、親鸞研究における『歎異抄』の重要性を改めて示しているのですが、さらに親鸞と『歎異抄』第三条との思想的一体性をもよく示しています。『歎異抄』第三条は、親鸞研究にとって決定的な重要性をもっていて、『歎異抄』抜きに親鸞を論じることは不可能です。

最近の親鸞研究では、親鸞と『歎異抄』との些末な違いを大げさに言い立てて、両者の違いを強調する傾向にあります。親鸞と『歎異抄』を一体として捉えようとすると、それだけで、教理を生かじりした素人談義と決めつける乱暴な議論まで、まかり通っています。これは「ゆゆしき学生《がくしょう》たち」の困った傾向です。

さて、『旧著』でこう述べたところ、末木文美士《ふみひこ》氏より抗議をうけました。「茶化して議論を封殺するのは、あまりにも研究者としてなさけない」。「ぜひ正々堂々と反論してもらいたい」(『親鸞』ミネルヴァ書房、二〇一六年、二五四頁)とのことです。そして親鸞の著作には「『悪人』を因とする記述は全くない」とし、悪人を正因としている点で『歎異抄』は仏教用語を誤用しており、「それに十分に通じていなかったと思われる唯円」の記述を、(仏教用語―平注)親鸞思想と一体視して議論することの危険性を説かれています。さらに末木氏は私を、教理の理解が「不十分なままに思想史研究を強行しようとしたための欠陥はきわめて顕著に見られる」と批判し、家永三郎氏とともに、「教理生齧り」の思想史研究者と決めつけられました(『解体する言葉と世界』岩波書店、一九九八年、「鎌倉仏教研究をめぐって」『三論教学と仏教諸思想』春秋社、二〇〇〇年)。

まず、「教理生齧り」などといった暴言は、研究者の発言として許される範囲を超えています。マナーとして問題なのはもちろんですが、学問への姿勢が根本的に誤っています。どのような学問分野であれ、研究は、いわゆる「専門家」だけのものであってはなりません。多様な分野の研究者が、多様な観点から発言することが研究の発展につながるのです。ですから、そのテーマの「専門家」であればあるほど、他分野からの発言を歓迎しないといけない。フラットでオープンな意見交流が研究の発展を支えるからです。「教理生齧り」「日本史生齧り」のような暴言をぶつけ合う世界に未来はありません。末木さんは仏教思想史研究を牽引すべき責任ある立場にいるはずです。それだけに、先のような思慮を欠いた発言は、非常に残念に思います。

さて、ともあれ私は、拙著『親鸞とその時代』(法藏館、二〇〇一年、以下『前著』と表記)において、末木氏の批判に真正面から応えたつもりです。どんな研究者も間違うことはあります。拙論を熟読すれば、ご自分の誤りに気づかれると考えましたので、これ以上、あげつらうような真似はせず、『旧著』では名前を挙げることを控えました。しかし、残念ながら末木氏は、拙論の中身が今なお理解できていないようです。となれば、末木文美士氏のご希望に沿って、改めてお応えするしかありません。

繰り返しになりますが、親鸞の場合、「疑心の善人」概念のペアたるべき「他力の悪人」概念が、史料的に欠落しています。である以上、末木氏のように、親鸞思想の分析に際し、

「悪人」概念だけを取りあげて検討するのでは、史料残存の偶然性に足をすくわれてしまいます。私は『前著』でそう述べました（一五三頁）。残念ながら末木氏は、ご自分が足をすくわれ転倒していることに、まだ気づいておられません。

確かに、親鸞の著作には悪人を因とする記述はありません。では、先に挙げた『正像末和讃』はどうでしょうか。「罪福ふかく信じつつ、善本修習《ぜんぽんしゅしゅう》するひとは、疑心の善人なる故に、方便化土にとまるなり」と謡っています。この「疑心の善人なる故に、方便化土にとまるなり」の文言は、「疑心の善人」であること（因）が、「方便化土」に留まるという「果」をもたらす、と述べています。つまり親鸞には「善人」を因とする記述があるのです。とすれば、「悪人」を因とする記述も想定されていた、と考えるべきでしょう。それが『歎異抄』第三条です。

親鸞の「悪」「悪人」概念を分析したければ、「善」「善人」概念との対応に留意して検討するというのは、学部生でも気の付くような、研究の初歩の初歩です。その初歩的手続きを怠った研究者から、どや顔で、「教理生齧り」と罵倒されても困惑するしかありません。確かに私は教理の素人です。「教理」は「生齧り」に過ぎません。でも、そう批判されるなら、教理のプロといえるようなきちんとした研究をしていただきたいものです。親鸞の「悪人」概念だけを取りだして検討するなどという、お粗末なやっつけ仕事は、教理のプロがなさるべきことではないはずです。そもそも「疑心の善人」に触れることなく、親鸞の悪人観や信心の構造を論じることは不可能です。

『口伝鈔』と『歎異抄』

以上を踏まえて、『歎異抄』第三条を実際に読んでみましょう。

善人なをもて往生をとぐ、いはんや悪人をや。しかるを世の人常に云はく、悪人なを往生す、いかに況や善人をや。この条、一旦その謂《いわ》れあるに似たれども、本願他力の意趣に背けり。その故は、自力作善のひとは、偏《ひとえ》に他力を頼む心欠けたる間、弥陀の本願にあらず。しかれども、自力の心を飜《ひるがえ》して他力を頼みたてまつれば、真実報土の往生をとぐるなり。煩悩具足のわれらは、いづれの行《ぎょう》にても生死《しょうじ》を離るる事あるべからざるを、哀れみ給ひて願を起こし給ふ本意《ほい》、悪人成仏のためなれば、他力を頼みたてまつる悪人、もとも往生の正因なり。よて、善人だにこそ往生すれ、まして悪人はと、仰《おお》せ候ひき。

第三条の核心が冒頭から登場します。「信心を欠いた「ⓓ疑心の善人」でも方便化土に往生することができる、まして信心をもった「ⓒ他力の悪人」が報土に往生するのは当然だ。ところが世間の人は、「悪い人」でも往生できる。まして「善い人」が往生するのは当然だ、と語っている。世間の人たちの考えはもっともなように見えるが、実際には本願他力の趣旨に反している。なぜなら、「ⓓ疑心の善人」は他力の信心が欠けているので、弥陀の本願に反している。しかし「ⓓ疑心の善人」が、自力の不可能なことを察知して他力信心に帰入したなら、本当の極楽である報土に往生することができる。煩悩を背負った私たち「ⓑ末代の衆生」は、いかなる行によっても自力では悟りも往生も不可能だ。阿弥陀仏はそのことを哀れまれて、「ⓑ末代の衆生」を正機として救済すると誓願を立てられたので、他力信心をもった「ⓒ他力の悪人」が報土往生の正因である。そこで、「ⓓ疑心の善人」でも方便化土に往生できる、まして「ⓒ他力の悪人」の報土往生は当然だ、と親鸞聖人はおっしゃった」。

次に、『口伝鈔』を読んでみましょう。

一　如来の本願は、もと凡夫のためにして、聖人のためにあらざる事

本願寺の聖人、黒谷《くろだに》の先徳《せんとく》より御相承《ごそうじょう》とて、如信上人《にょしんしょうにん》おほせられていはく、世のひと常に思へらく、悪人なをもて往生す、いはんや善人をやと。この事、遠くは弥陀の本願に背き、近くは釈尊出世《しゅつせ》の金言に違《い》せり。（中略）悪凡夫を本として、善凡夫をかたわらに兼ねたり。かるが故に、傍機たる善凡夫なを往生せば、もはら正機たる悪凡夫いかでか往生せざらん。しかれば善人なをもて往生す、いかにいはんや悪人をやと

言うべし、と仰せごとありき。

ここでは「凡夫」「悪人」「悪凡夫」と「聖人」「善人」「善凡夫」が対比されています。用語は少しずつ違いますが、実質的な違いはありませんので、訳出に当たっては前者を「悪い人」、後者を「善い人」の語で統一します。

「一　阿弥陀仏の本願は、もともと「悪い人」の救済のために立てたのであって、「善い人」のためではない事について」。『歎異抄』が救済の要件（正因）を論じているのに対し、『口伝鈔』は救済の順番（正機・傍機）に着目しています。ここに留意してください。「本願寺の親鸞聖人が、黒谷の法然上人からお聞きした話を、如信上人が私（覚如）に次のようにおっしゃった」。この一節については、お話しすべきことがたくさんあるのですが、話がそれますので、ここでは無視します。「世間の人は「悪い人」でも往生することができる。まして「善い人」が往生するのは当然だ、と語っている。この考えは阿弥陀仏の誓願にも、また釈尊の出世本懐にも反するものだ。（中略）阿弥陀仏は「悪い人」を救済の中心にし、「善い人」をついでに救おうとされた。それゆえ、二番目の救済対象である「善い人」も弥陀にすがれば往生できるのだから、一番目の救済対象である「悪い人」が弥陀を信仰したなら極楽往生できるのは当然だ。だから二番目の「善い人」でも往生できる。まして一番目の「悪い人」が往生できるのは当然だ、と親鸞聖人はおっしゃった」。

二つの違いを理解していただけたでしょうか。『歎異抄』は「他力の悪人（＋価値）」と「疑心の善人（－価値）」を対比しながら、「善人なをもて往生をとぐ、いはんや悪人をや」と語りました。そして「疑心の善人（－価値）」でも往生できるのだから、「他力の悪人（＋価値）」の報土往生は当然だ、と説いています。

それに対し『口伝鈔』は「善い人（＋価値）」と「悪い人（－価値）」を対比させて、「善人なをもて往生す、いかにいはんや悪人をや」と語っています。そして、二番目の救済対象である「善い人（＋価値）」でも弥陀にすがれば往生できるのだから、一番目の救済対象である「悪い人（－価値）」が弥陀を信仰したなら極楽往生できるのは当然だ、と述べています。二つの史料は言い回しが酷似しています。しかしそこで使われている善人・悪人概念は対照的です。

『歎異抄』……「疑心の善人（－価値）」⇕「他力の悪人（＋価値）」
『口伝鈔』……「善い人（＋価値）」⇕「悪い人（－価値）」

『口伝鈔』の善人は世間一般にいう普通の善人概念「善い人（＋価値）」であるのに対し、『歎異抄』の善人は「疑心の善人（－価値）」という独特の概念であり、その価値関係は正反対です。同じことは悪人概念についても言えます。

そもそも『口伝鈔』の世界には、「他力の悪人（＋価値）」「疑心の善人（－価値）」概念が登場しません。ですから当然、『口伝鈔』には自力の人々を「疑心の善人（－価値）」と捉える批判意識が存在しません。『歎異抄』および親鸞と、『口伝鈔』の間には、大きな思想的へだたりがあります。この違いに初めて気づいたのが重松明久氏です。

おそらく覚如は、親鸞の「他力の悪人」「疑心の善人」概念に危うさを覚えたのでしょう。そのためこの両概念を消し去り、親鸞を悪人正機説の文脈のなかに包み込もうとした。これによって顕密仏教と妥協しようとしたのです。覚如のその試みはみごとに成功し、私たちは長らく、親鸞を悪人正機説の主唱者と勘違いすることになりました。重松氏をはじめとする悪人正因説論の提起は、親鸞を覚如の呪縛から解き放つ試みでもあるのです。

とはいえ、問題はまだ残っています。親鸞と『歎異抄』が「疑心の善人」概念で一致しているにしても、『歎異抄』のような悪人正因説は、親鸞の著作にストレートに表現されているわけではありません。悪人正因説が親鸞思想と本当に合致するのか、なお慎重な検証が必要です。そこで注意すべきは、『歎異抄』で「他力を頼みたてまつる悪人」を往生の「正因」としている事実です。一方、親鸞は次のようにも述べています。

不思議の仏智を信ずるを、報土の因としたまへり、

信心の正因うることは、難《かた》きが中になを難し

この『正像末和讃』では、弥陀への信心が本当の極楽（報土）に往生できる「正因」だ、と述べています。つまり親鸞は信心を往生の決定的要件と考えていました。つまり親鸞の本当の考えは、実は信心正因説なのです。そしてその信心は、機《き》の深信《じんしん》（悪人であることの自覚）と法の深信（弥陀の救済を信じること）とから成っています。なかでも重要なのは機の深信です。とすれば、悪人であることの自覚が往生の正因と言ってもよいでしょう。つまり信心正因説とは、機の深信正因説でもあります。ですから正確には、「他力を頼みたてまつる悪人」が正因ではなく、悪人であることを「自覚」することが正因なのです。『歎異抄』の表現は、信心正因説の文学的な修辞表現です。その修辞は機の深信をもった人を「他力の悪人」と呼び、信心のない人を「疑心の善人」と呼んだところから始まっています。

ちなみに末木文美士氏は、「他力の悪人」を正因としたことを根拠に、『歎異抄』が仏教用語を誤用している、と批判されます。氏は、「他力の悪人」「疑心の善人」が修辞表現であることが理解できていません。悪人であることを自覚できず、自分を善人と思い込んでいる人を、親鸞は「疑心の善人」と呼びました。飛躍のある表現ですので、普通ならこういう言葉遣いはありえません。これは親鸞独特の修辞表現です。そして「疑心の善人」が

修辞表現であるなら、『歎異抄』の「他力を頼みたてまつる悪人」も当然、修辞表現です。末木氏はそのことが理解できず、「他力の悪人」を仏教用語の誤用だと騒ぎ立てているのです。

「夜が泣く」という暗喩に対し、人生幸朗なら「なんで夜が泣くねん。夜がピーピー泣いたらうるそうて眠れるかい。責任者出てこい」といって笑わせたでしょうが（古くてすみません）、末木氏の『歎異抄』誤用説はこのレベルのものです。「悪人」を正因としたことをもって仏教理解が浅薄だと批判するのは、「夜が泣く」という表現を日本語の誤用と責め立てるようなものです。唯円の仏教理解の浅さを問題にされる前に、ご自分の日本語能力の貧しさを反省されてはいかがでしょうか。

前著『親鸞とその時代』で私は、「親鸞に関する限り、末木氏の仕事にこれといったオリジナリティーを感得することができなかった」と述べましたが（一六七頁）、その感想はミネルヴァ版『親鸞』を前にしても変わることはありません。それだけに、是非とも教理のプロとして模範となるようなきちんとした仕事を、親鸞についてご披露くださるよう、切望したいと思います。

以上、親鸞の思想構造についてお話ししてきました。悪人正機説は七世紀、中国迦才以来の浄土教の伝統的な考え方であること、そして法然・親鸞はその教えを末代の衆生のための普遍宗教へと組み替えようとしてきたことを、改めて確認しておきます。

第七章　善鸞の義絶

親鸞の帰洛

本章では、親鸞の帰洛から、善鸞義絶に至る時期を取りあげます。残念ながら、親鸞が京都に戻った年は確定できません。『親鸞伝絵』は「聖人、東関の堺を出《いで》て、花洛《からく》の路《みち》に（赴）おもむきましましけり」と述べるだけで、帰洛の時期と理由を明言していません。あとは戦国時代の伝承があるだけです。

『高田ノ上人代々ノ聞書』（一五四八年成立）によれば、親鸞は常陸の稲田に十年、下妻《しもつま》の小島《おじま》に十年滞在してから上洛した、とのことです。建保二年（一二一四）に上野国佐貫で浄土三部経を読誦し、それを中断して常陸に行っていますので、それを考え合わせると、帰洛は文暦元年（一二三四）ごろになります。一方『反故裏書《ほごうらがき》』（一五六八年成立）は、親鸞が常陸下妻の小島に三年ばかり、同じく稲田郷に十年ばかり滞在し、その後、相模国高津（小田原市国府津《こうづ》）や鎌倉に移って貞永元年（一二三二）ごろに帰洛した、と述べています。稲田や下妻の滞在は『伝絵』や恵信尼文書で確認できますので、これらの記述はある程度、信頼できます。

とはいえ、いずれも三〇〇年以上のちの伝承です。今と元禄時代ぐらいの時間差があります。もう少し確実な史料で、裏をとることはできないでしょうか。寛喜の内省があった寛喜三年（一二三一）四月が東国滞在の確実な最後の事跡ですが、もう少し踏み込んで帰洛時期を絞り込んでみましょう。そこで、一切経校合《きょうごう》と聖覚法印百ヶ日の二つを取りあげます。まず、一切経校合の話は『口伝鈔』に登場しています。

北条時氏が政務をとっていた頃に一切経の書写事業が行われた。親鸞も写本の校合に参加し、「副将軍」（北条泰時）とも親しくなった。ある日の酒宴で、袈裟をまとったまま親鸞が魚鳥を口にしていたところ、九歳の「開寿殿」（北条時頼）が「善信御房はなぜ袈裟を着たまま食事しているのか」と質問します。それに対し、「食べられる魚鳥を仏法に結縁させるために袈裟を着ているのです」と答えた。

なかなか印象的なエピソードですが、この話は信頼できるのでしょうか。まず、冒頭に登場する北条時氏（一二〇三〜三〇）は早逝していて、執権に就任していません。これは時氏の父の北条泰時の誤りです。また、九歳の北条時頼（開寿殿）が登場して、利発そうなやりとりをしていますが、この部分も危ういです。北条時頼（一二二七〜六三）は、北条得宗の権力基盤を確立した人物ですが、実は彼は嫡子ではありません。同母兄の経時（一二二四〜四六）が嫡子です。経時が二十三歳で早逝したため時頼にお鉢が回ってきますが、九歳の時頼といえば兄の影に隠れていた時期です。後継者として育てられた経時に対し、時頼は庶子に過ぎません。その頃のエピソードですので、にわかには信じにくいですね。

また、この話は時頼九歳の時ということですので、文暦二年（一二三五）に設定されています。ところが同年七月に北条泰時は、破戒の念仏者を追放しています。「魚鳥を喰《く》らい」「恣《ほしいまま》に酒宴を好む」念仏者は、住宅破却、鎌倉追放の刑に処すよう命じています。さらに、朝廷に対しても、破戒の念仏者の取り締まり強化を申し入れました（鎌倉幕府追加法七五・九〇）。その泰時が、校合作業の僧侶を慰労するため、魚鳥を肴にした酒宴を開くというのも考えられません。全体として、これは非常に危うい話です。

とはいえ、話のすべてがデタラメかというと、そうとも思いません。実はこの一切経校合は北条政子十三回忌（一二三七年）のためのものです（千葉乗隆「親鸞の一切経校合」『日本の歴史と真宗』自照社出版、二〇〇一年）。最終的に鎌倉の大慈寺で一切経の供養が行われ、そのあと園城寺に奉納されています。一切経五千余巻の書写には、膨大な手間と時間がかかりますので、そこに親鸞が入っていても不自然ではありません。校合は誤字・脱字のチェック役ですので、漢字さえ読めれば務まります。書写事業全体からいうと、ほんのチョイ役です。作り話をするのであれば、もっと重要な役目を担わせたはずです。一切経校合のような端役をつとめたというところに、私はむしろリアリティーを感じます。この時期、延暦寺・東寺・園城寺出身の現役のエリート僧だけで五〇人前後が鎌倉で活動していました。こうした高僧に、校合のようなつまらない雑務をさせるわけにはゆかない。そこで、応援の人材がかき集められた、ということです。

一切経校合をめぐる『口伝鈔』の話は信用できませんが、校合のような端役に親鸞が関与することは十分あり得ると思います。戦国期の伝承を考え合わせると、このエピソードは、文暦元年か二年ごろに、親鸞が東国に滞在していたことを示すものです。

もう一つの手がかりは、聖覚の没後百ヶ日の書写です。文暦二年（一二三五）六月十九日に親鸞は、①聖覚の著『唯信鈔』（一二二一年成立）、②法然への報恩仏事での「聖覚表《ひょう》白文《びゃくもん》」、③雅成《まさなり》親王への聖覚返書、④或る人の夢、の計四点を書写しています。親鸞は聖覚との交友を思い起こしながら書写したのでしょう。

流罪になってからも、二人の関係は維持されていました。親鸞は寛喜二年に『唯信鈔』の真筆草稿本を書写しています。これは聖覚が自筆本を親鸞に贈ったことを意味しています。聖覚は建永の法難の折りに、弾圧回避のために奔走しましたし、親鸞が流罪の不当さを奏上した時に、越後の知行国主藤原範光と親鸞との間を取り持った可能性も高い。こうした経緯もあって、報謝の意をこめて書写したのでしょう。

問題はこの書写がどこで行われたか、です。書写四点のうち、①『唯信鈔』は聖覚から贈られていますし、③返書もその可能性が高い。でも、②表白文と④夢の話は第三者から入手したものです。②は冒頭が「御導師法印聖覚、表白《ひょうびゃく》の詞《ことば》に曰《いわ》く」から始まっています。本人が与えたのであれば、この文言はあり得ません。また、④或る人の夢は、後鳥羽上皇が聖覚を釈尊として尊んだという夢を、ある人物がみた話です。これも、聖覚から受け取ったとは考えにくい。自分と釈迦を一体視するような話を、本人が広めてまわるとは考えられません。つまり四点の史料のうち、二点は第三者から入手したものであり、おそらくそれらは京都で手に入れたと考えられます。

親鸞と東国門弟との手紙のやりとりでは、相手の手紙を受領するのに平均四〇日近くかかっていて、手紙の一往復だけで七〇日～八〇日ほど要しています。東国で聖覚の訃報を伝え聞き、②④の聖覚関係の文献を手に入れるには一〇〇日は短すぎる。つまり、親鸞は文暦二年六月には京都にいた、と考えてよいでしょう。

戦国時代の伝承では、親鸞は貞永元年（一二三二）から文暦元年（一二三四）ごろに帰洛したことになっていますが、一切経校合と聖覚法印百ヶ日の二つの記事から、それをある程度、裏づけることができました（帰洛の正確な年は不明ですが、便宜上、以下、文暦元年の帰洛として叙述することにします）。

では、帰洛の理由は何でしょう。いろんな意見がありますが、東国門徒の疲弊と、子たちの成長が大きいはずです。第五章で述べたように、寛喜二年（一二三〇）夏、恐ろしい冷害が日本を襲い、翌年四月には飢饉がピークを迎えます。寛喜の大飢饉です。文暦元年といえば、ある程度、復興の目鼻がついてきた時期です。

しかも、子たちが大きくなってきました。信蓮房明信と覚信尼の二人は、恵信尼文書によって年齢が特定できます。文暦元年（一二三四）なら、親鸞が六十二歳、恵信尼が五十三歳、息子の信蓮房が二十四歳、末娘の覚信尼は十一歳です。信蓮房は家庭をもつ年齢に達しています。となれば、生活基盤を整えてやることが必要です。東国門徒は親鸞とその家族の面倒はみてくれたでしょうが、子の家族の世話まで頼むことはできません。特に寛喜の大飢饉のあとは、東国門弟も疲弊しきっていたはずです。門弟に頼ることなく、子たちが自立して生活できるようにしないといけない。一切経校合のようなアルバイトも、門徒の疲弊と関わっていたはずです。

親鸞はこれまで布教第一の生活をしてきました。しかし、東国での布教にある程度の達成感を覚える一方、子たちが大きくなり、東国門弟も経済的に疲弊しているということになれば、子たちの生活基盤の確保を優先せざるを得ません。のちに信蓮房・益方入道有房や小黒女房たちは越後で暮らしますが、これは恵信尼の実家の支援をうけた、と考えてよいでしょう。恵信尼は越後の豪族の娘と考えられますので、その援助を仰いだのです。恵信尼は実家の当主に頭をさげて、子たちへの支援を要請しました。一方、『尊卑分脈』や『日野一流系図』（一六八頁図4）は益方を「号大夫入道、従五下」「号益方大夫入道、従五位下」としており、彼は朝廷に出仕しています。また、娘の覚信尼も京都で宮仕えをするなど、貴族社会に入ってゆきます。となれば、親鸞が伯父一族に支援を頼まないといけません。

こうして親鸞一家は、京・越後に別れて暮らすようになりますが、越後での子たちの生活が安定すると、恵信尼は京都で親鸞と暮らし始めます。恵信尼の手紙によれば、覚信尼の子について、「あはれ、この世にて今一度、見まいらせ、また見へまいらする事 候《そうろう》べき」と述べています。もう一度、会いたいと言っているのですから、恵信尼が覚信尼の子と会っていたのは確実です。文暦元年（一二三四）の帰洛時点で覚信尼は十一歳ですので、それから十年ほど後に、恵信尼は娘の子と会っています。また、「あの御影の一幅《いっぷく》、欲《ほ》しく思まいらせ候也」と述べていて、親鸞の肖像画を希望しています。この肖像画は仁治三年（一二四二）に作成されたものですので、これまた恵信尼が、京都で肖像画を見ていたことを物語っています。親鸞との同居は明らかです。

では、恵信尼はいつまで京都で暮らしていたのでしょうか。第四章でお話ししたように（一六五頁）、建長八年（一二五六）に善鸞が「みぶの女房」に送った手紙には、「自分が今不利な状況に陥って義絶されそうになっているのは、親鸞が継母の恵信尼に欺されているからだ」と書かれていました。つまり善鸞は、恵信尼が親鸞と京都で同居している、と思い込んでいます。善鸞が東国に下向した時には、恵信尼はまだ京都で親鸞と同居していた。そのため、善鸞は恵信尼の越後下国を知らないのです。

善鸞の関東下向の時期を特定することができませんが、建長四年二月には親鸞が造悪無碍を批判した手紙を盛んに関東に送っています。おそらく、建長四、五年ごろに善鸞が関東に下向し、それから間もなく、恵信尼も越後に下ったのでしょう。越後下国の原因は娘の早世です。恵信尼文書によれば、娘の小黒女房は若死にしたらしく、彼女に代わって恵信尼が娘の子たちを育てています。また、益方入道の子も、恵信尼が面倒をみていたようで、「母めきたるやうにてこそ候へ」と述べています。

このように、子の成長にともない、親鸞夫婦は布教第一の生活から、子の生活を優先する生き方に変わってゆきました。そうしたなかで親鸞は、善鸞と再会します。流罪があったとはいえ、親鸞は赦免されてからも東国布教を優先して、三〇年近く善鸞を放置してきました。親らしいことは何一つしていない、その負い目がやがて親鸞の眼を曇らせ、それが義絶という悲劇の伏線となるのです。

東国門徒の動揺

さて、親鸞が帰洛してから一〇年前後については史料が残っていませんが、その後、東国教団が大きく揺れます。建長三年（一二五一）閏九月から動揺の兆しが見えますが、建長八年五月の善鸞義絶を経て、正嘉元年（一二五七）九月に平静に戻るまで、親鸞も、門弟も、大きな混乱を経験します。

この経緯は、親鸞の手紙から復元するしかないのですが、厄介なことに、親鸞の消息には、①年月日まできちんと記しているもの、②月日だけのもの、そして③年月日がまったく記されていないもの、の三種があります。そのため消息の前後関係の確定がなかなかむずかしい。でも、これをどのように配列するかで、事件の経過がまったく異なったものになってしまいます。親鸞消息の年次推定については、今のところ、宮地廓慧『親鸞伝の研究』（百華苑、一九六八年）がすぐれていると思います。細かな部分での補足は若干ありますが、結論には異論ありません。関心のある方は、そちらで確認していただくこととし、ここでは宮地氏のお仕事を前提に、事件の経緯をお話しします。

建長三年閏九月ごろから東国門弟の間で、念仏をめぐる論争が起きているのですが、翌年二月には造悪無碍の問題も浮上してきます。造悪無碍については第八章で論じますが、ここではとりあえず「弥陀はどんな悪人でも救済されるので、悪を怖れる必要はない。悪は思うままに振る舞ってよい」という、欲望を全肯定した思想とお考えください。親鸞は手紙を送って、門弟たちが造悪無碍に走ることを誡めていました。やがて「領家・地頭・名主」がそれを口実に念仏を弾圧するようになると、親鸞は息子の善鸞を派遣したり、聖覚・隆寛の著書やその解説書を精力的に書き送って事態の沈静化を図っています。

でも、善鸞の派遣は大失敗でした。かえって東国門弟たちを混乱させる結果となりました。善鸞は造悪無碍を制止しようとするあまり、親鸞の教えを歪めてしまいます。弥陀の十八願を否定したばかりか、本当の教えは「慈信（善鸞）一人に、夜、親鸞が教えたるなり」（建長八年五月二十九日「善鸞義絶状」）と主張します。「本当の教えは息子である私だけが、夜秘かに親鸞から教えてもらった。東国の直弟子たちは、本当のことは教えられていないので、彼らに随ってはならない」と語ったのです。さらに善鸞は東国教団の主導権を握るため、鎌倉幕府や六波羅探題に、対立する直弟子を訴えることまでした。幕府の手を借りて、反対派を追い落とそうとしたのです。善鸞の行動は、本来の目的から大きく逸脱してゆきます。

こういう事態を前にして、親鸞は戸惑っただろうと思います。善鸞から伝わる情報と、反対派からもたらされる情報とが隔絶していて、東国で何が起きているのか、状況を把握するのも困難だったでしょう。やがて善鸞は、有力門徒の真仏《しんぶつ》や性信《しょうしん》まで非難します。親鸞は彼らを信頼していましたので、かえって善鸞の言動に疑念をいだくようになり、釈明を求めます。状況の悪化に危機感をもった善鸞は、「親鸞が継母の恵信尼に言いくるめられて、私を義絶しようとしている」と実母（壬生の女房）に泣きつきました。その手紙を彼女から見せられた親鸞は、すべてを悟り義絶を決意します。

建長八年五月二十九日、親鸞は善鸞義絶状を書きました。義絶の理由は、①極楽往生の教えをゆがめて説いたのは、弥陀の教えを損なう謗法《ほうぼう》の科《とが》であること、②教団の宥和を乱したのは、五逆の罪であること、③親鸞が善鸞だけに秘密裏に本当の教えを説いたというのは、父を殺す五逆の罪である、ということで、親鸞は「三宝神明」に善鸞の義絶を誓約しました。同じ日、親鸞は性信に宛てて手紙を書き、①秘密の教えを善鸞だけに教授したとの善鸞の発言はまったくの嘘であること、②そのため善鸞を義絶したことを告げるとともに、③東国門弟たちが善鸞の「ひがごと」に動揺したことに深い失望を表明します。

でも、これで問題が片付いたわけではありません。鎌倉での裁判の見通しは明るいものではなく、康元二年（一二五七）正月には、弾圧のため門弟たちが厳しい状況に追い込まれています。それに対して親鸞は、念仏の縁がつきたなら、その地を去るように指示しました。このころが親鸞にとって一番きつかった時です。追い詰められた親鸞の苦悩が、いろんな史料で吐露されています。しかし同年七月になると、訴訟の見通しがついたようで、九月には東国教団も平穏に戻りました。そして翌年の正嘉二年（一二五八）十二月には、「自然法爾《じねんほうに》消息」が成立します。

以上、事件の概要をお話ししました。ところが研究者の中には、こうした理解に根本的な疑義を表明する人も、少なからず存在します。その一番の問題点は、善鸞義絶状はでっちあげのニセ物ではないか、という点です。

善鸞義絶状はニセ物か

善鸞義絶状はニセ物ではないかという疑問が提起されたのは、今から五〇年以上も前のことです。梅原隆章・稲津紀三氏が偽作説を展開しました。それに対し、岩田繁三・宮地廓慧・平松令三氏らが丹念な説明を加えて、それが真撰であると主張したのですが、偽作説は収まる気配を見せません。近年では松本史朗氏（『法然親鸞思想論』大蔵出版、二〇〇一年）や今井雅晴氏が偽撰説を唱えていて、むしろ偽撰説のほうが勢いづいている感すらあります。なぜこのニセ物説がなかなか終息を見ないのか、その理由は義絶状の伝来をうまく説明できないことにあります。*

＊偽撰説は梅原隆章「慈信房義絶状について」(『真宗研究』六輯、一九六一年)、稲津紀三「親鸞の義絶事件の真相」(『大法輪』一九六三年二月号)、今井雅晴『親鸞の家族と門弟』(法藏館、二〇〇二年)など。真撰説の論考は、宮地廓慧『親鸞伝の研究』、岩田繁三「慈信房義絶状について梅原氏への反論」(『高田学報』五〇輯、一九六二年)、平松令三「善鸞義絶状の真偽」(『龍谷大学論集』四三二号、一九八八年)、同『親鸞真蹟の研究』(法藏館、一九八八年)、同「善鸞義絶事件の再検討」(『高田学報』九一輯、二〇〇三年)。

善鸞義絶状の真筆は残っていません。親鸞が書いた義絶状の原本がないのです。いま私たちが目にしている義絶状は、嘉元三年(一三〇五)に顕智《けんち》が書写したものです(**写真3・4**)。これが大正九年(一九二〇)に専修寺の宝蔵で発見されました。顕智は親鸞の面授の弟子です。義絶から半年後に真仏とともに上洛して親鸞を訪ねています。正嘉二年(一二五八)にも京都に参向して「自然法爾」消息を筆録しましたし、弘長二年(一二六二)には親鸞の臨終にも立ち会っています。他方で顕智は、真仏の弟子となって高田の専修寺を継ぐなど、東国門弟の重鎮として活躍しました。

なお親鸞は、善鸞義絶状を書いた時に、同じ日付で東国の性信に宛てて、善鸞を義絶したことを伝えた手紙、通告状を記しています。残念なことに、こちらのほうも真筆が残っていません。性信のお弟子さんを横曾根門徒と呼んでいますが、この消息は彼らが編纂し

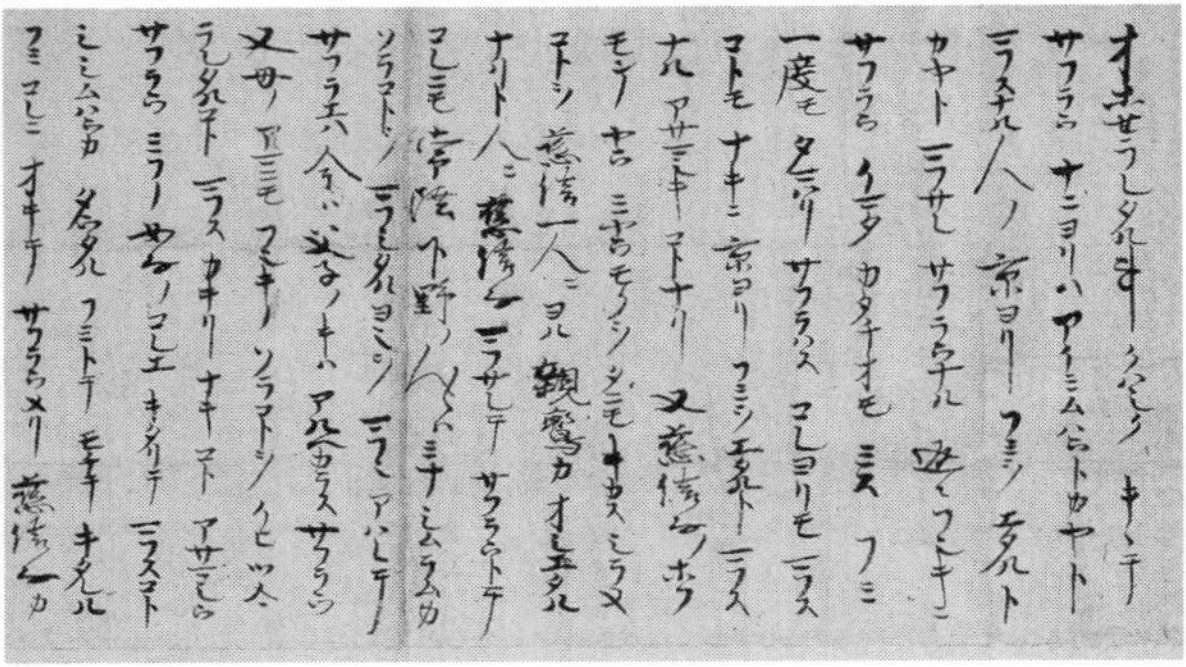

写真３　顕智書写「善鸞義絶状」（専修寺蔵）冒頭部分

た『親鸞聖人血脈文集』に伝わっているだけです。つまり、どちらも本物は残っていません。もっとも、親鸞の消息で真筆が伝来しているのは一一通だけで、親鸞消息の七割以上は真蹟ではありません。写しです。真筆が残ることのほうが稀なのですから、真筆でないというだけでは、ニセ物ということになりません。

しかしそれでも、善鸞義絶状には大きな問題があります。義絶状には「慈信房御返事」と記されていて、これが慈信房善鸞に宛てた返書であることは明らかです。善鸞が受け取ったはずの義絶状が、なぜ敵方の真仏—顕智に伝来したのでしょうか。善鸞がこれを敵方に見せることはあり得ません。これは善鸞の存在を否定する文書です。真仏—顕智がこの義絶状をどのようにして手に入れたのか、ここがうまく説明でき

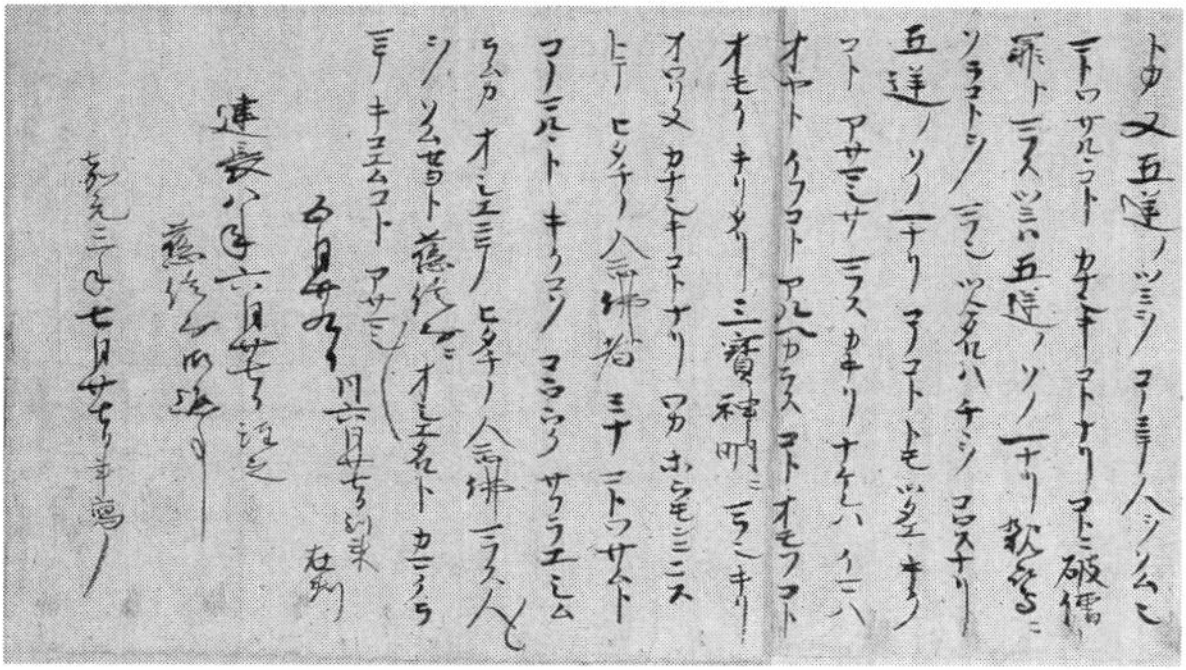

写真4　顕智書写「善鸞義絶状」（専修寺蔵）末尾部分

ません。しかも善鸞義絶状では、この義絶を「三宝神明」に誓約しています。「三宝」はともかくとして、義絶を「神明」に誓うなど、これも親鸞らしくありません。こうしたこともあって、いつまでもニセ物説が後を絶たないのです。

しかし私は、これはそんなにむずかしい問題だとは思いません。中世文書の特質からすれば、容易に説明がつく話です。その特質とは「文書《もんじょ》の宛所《あてどころ》と受給者との乖離」です。

文書の宛所と受給者との乖離

何度かお話ししましたように、日本中世は小さな政府の時代で、国家機構がたいへん小さい。そのため、現代の常識では考えにくいことが、いろいろ起こります。その一つが、ここで紹介する「文書の宛所と受給者との乖離」という現象です。何のことかというと、中世文書の世界では、文書の実際の受取人が、その文書の宛先と別人であるような事例がいっぱいある。たとえば文書の宛先が善鸞になっていても、実際には最初から別人がそれを受け取ることになっているのは珍しいことではなく、中世古文書学の一原則とされるほど、ありふれたことです（佐藤進一「中世史料論」『岩波講座日本歴史　二五　日本史研究の方法』岩波書店、一九七六年）。

実例を紹介しましょう。長禄三年（一四五九）十一月七日に、越前国の醍醐寺領の知行を室町幕府が安堵した文書が醍醐寺に三通保存されています。いずれも室町幕府奉行人連署奉書という様式のもので、三通とも花押《かおう》がすえられた本物の正文《しょうもん》です。なぜ同じ日付で文書が三通発給されたかというと、すべて宛先が違います。一通目は越前守護代に対し、醍醐寺領への侵略を禁じたものです。二通目は醍醐寺に、守護の侵略を禁じたことを報告しています。三通目は現地の名主たちに、醍醐寺の支配に服するよう命じています。この三通の文書は同じ筆跡でして、古文書学の成果でこれを執筆した幕府奉行人の名前まで分かっています。上島有「室町幕府文書」（『日本古文書学講座』四、雄山閣、一九八〇年）は、この三通の写真を載せて詳しく解説していますので、興味のある方は、そちらを御覧ください。

さて、醍醐寺に宛てた本物の文書が、醍醐寺に保管されているのは理解ができます。でも、守護代に宛てた文書や、名主に宛てた室町幕府の命令書、しかもその本物の正文《しょうもん》が、なぜ醍醐寺に伝来しているのでしょうか。これが「文書の宛所と受給者との乖離」です。中世文書の世界では、こういう例がいっぱいあるのですが、文書のやりとりを復元すると、これは別に奇妙な話ではありません。

越前の寺領が侵略されたため、醍醐寺は幕府に「侵略を止めてくれ」と訴えます。検討の結果、幕府はそれを了承します。将軍の命を受けて、奉行人は三通の文書を作成し、そして三通とも醍醐寺に渡すのです。そこで醍醐寺は現地に使いを派遣します。越前に到着すると、使者は守護代や名主と面会します。その時に醍醐寺の使いは、正文（本物）の命令書を相手に見せて、幕府の命を履行するよう要求します。そして命令書の案文《あんもん》（写し）を相手に手渡します。正文は重要な権利書ですので、将来に備えて大切に保管し、案文を相手に渡すのです。こうして守護代や名主に宛てた室町幕府の命令書、特にその本物が醍醐寺に保管されることになります。中世は小さな政府の時代でしたから、幕府の命令伝達も幕府の役人ではなく、権利の被認定者（醍醐寺）が行いました。そのためにこんな奇妙な現象が起きたのです。

このことを念頭に置いたうえで、善鸞義絶状を検討してみましょう。室町幕府は現地宛ての命令書〔ア〕と、その命令書を出したことを通知する通告書〔イ〕を同じ日に書いています。親鸞の場合も、善鸞に対する義絶の言い渡し〔A〕と、義絶したことを性信に伝える通告状〔B〕を同じ日に執筆しました。整理すれば、次のようになります。

〔ア〕長禄三年十一月七日　幕府　↓　守護代……押領禁止命令
〔イ〕長禄三年十一月七日　幕府　↓　醍醐寺……押領禁止の通告
〔A〕（建長八年）五月二十九日　親鸞　↓　善鸞……義絶の言い渡し
〔B〕（建長八年）五月二十九日　親鸞　↓　性信……善鸞義絶の通告

そして室町幕府の場合、命令書〔ア〕と通告書〔イ〕の双方とも、醍醐寺に交付していきます。とすれば、親鸞の場合も、義絶状〔A〕と通告状〔B〕はともに、性信に渡されたと考えるべきではないでしょうか。

室町幕府の例を参考にして、義絶状の授受過程を復元すると次のようになります。東国の性信は親鸞のもとに使者を派遣して、問題解決を訴えます。善鸞のほうもおそらく同じ行動をとったでしょう。双方からの働きかけを前にして親鸞は悩んだと思いますが、最終的に善鸞の義絶を決意します。そこで親鸞は、同日付で二通の文書を書きました。義絶状〔A〕と通告状〔B〕です。この二通の文書を書いて、二通とも性信の使者に渡したのです。中世に郵便局はありません。文書の運搬は利害関係者が行いました。

そこで使者は、二通の文書を性信のもとに届けます。それを受け取った性信は善鸞に面会を求め、彼に義絶状を見せます。性信と善鸞は、当時、鎌倉幕府の法廷で裁判を行っていましたので、義絶状が披瀝されたのは、幕府法廷であった可能性もあります。いずれにせよ、性信は善鸞に対して、「実は親鸞聖人からあなたの義絶状を頂戴しました」と言って、義絶状の正文（本物）を善鸞に見せて、善鸞に案文（写し）を手渡します。こうして義絶状と通告状の正文が性信の手元に残ります。中世文書の在り方からすれば、義絶状が善鸞の反対勢力に伝来するのは、むしろ当たり前のことです。

それに反し、もしも親鸞が義絶状〔A〕を善鸞に直接交付したなら、どうなったでしょうか。善鸞にとって、この文書は致命的なものですので隠すに違いない。こんなものを公表するはずがありません。ところが性信の側には、善鸞を義絶したという親鸞の通告状〔B〕が届きます。ということで、今度は義絶されたと主張する性信と、そんな事実はないと主張する善鸞との間で泥仕合が続くことになります。いつまで経っても問題が解決しません。義絶状が義絶状として機能するためには、本人に義絶状を直接渡してはなりません。対立者を通じて手渡されて、はじめて義絶状は機能するのです。

日本中世には戸籍制度がありません。公的機関が義絶を受理するシステムにはなっていません。こういう当事者主義の時代に、義絶状を本人に渡しても、それは機能しません。そういう点からすれば、義絶された本人に、義絶状の正文を直接交付しないのが中世文書の基本的な在りようだったと考えるべきでしょう。

そこで次に、この点を確かめてみましょう。義絶状は本人に直接交付されたのでしょうか。高野山が所蔵している『又続宝簡集《ゆうぞくほうかん》』に義絶状の正文が何通か収録されています。正応三年（一二九〇）に大弐《だいに》房という人物が、金剛峯寺とトラブルを起こしました。そこで高野山は彼の肉親に、連帯責任をとるよう迫ります。中世は連座制の時代ですから、子が犯罪を犯すと、親などの近親者も連座することになります。そこで彼の母親と祖母たちが、大弐房の義絶状を金剛峯寺に提出して連座を免れました。この義絶状は本人に交付されたのではなく、領主がそれを保管しています（『鎌倉遺文』一七四一六号）。

鎌倉中期に永快《ようかい》という僧侶が、自分の財産を弟子に譲りました。ところが、その弟子が永快をないがしろにしたため、その弟子を義絶して、別の弟子に財産を譲っています。この経緯について、史料では「去る文暦二年に、永快は自筆の状を以て、条々の子細を載せて円賢《えんけん》を儀（義）絶し、調度《ちょうど》文書等を副《そ》えて昌範《しょうはん》に譲り畢《おわ》んぬ」と述べています（『鎌倉遺文』五一八八号）。文暦二年（一二三五）に師匠の永快は、義絶する理由を列記した(a)自筆の義絶状と、(b)財産の関係文書との(a)(b)を、ともに昌範に与えています。義絶状は義絶された当人（円賢）にではなく、彼と対立するであろう別の弟子（昌範）に与えられました。ここでも、義絶状は本人に交付されていません。

さらに興味深い事例が『今昔物語集』巻二九―一一に見えます。盗み癖のある幼児を勘当した話です。贈答用の瓜を子どもが盗み食いをしたのを知って、父親は何を思ったか、その子を勘当します。母親は半狂乱となって反対しますが、父親はとりあいません。義絶状を書いて近隣の有力者を呼び、みんなの署名をもらっています。後にその子が大きくなって盗みをして検非違使《けびいし》に捕まります。検非違使は連座制を適用して、親の財産を没収しようとするのですが、その時、父親は昔の義絶状を取り出してきて財産没収を免れた、という話です。ここでも義絶状は子に与えられていません。父親が保管しています。このように、中世では義絶状を本人に渡していません。少なくとも義絶状の正文を本人に与えたような事例を、日本中世で確認することができていません。善鸞義絶状は、善鸞に直接与えられたのではないのです。

これまで善鸞義絶状は、敵対者に伝来していることを理由に、その信憑性が疑われてきました。しかし義絶状の正文を本人に与えないのが、中世での一般的慣習であった以上、敵対者への伝来はもはやニセ物説の根拠にはなりません。

善鸞義絶状の内容的検討

次に善鸞義絶状の内容について、検討を行っておきましょう。この史料を理解する時、重要なのは義絶状がもつ複雑な性格です。たとえば松本史朗氏は、義絶を「親子断絶という極めて個人的」なものと評しています。そして、こういう個人的な書状がみんなに広まったことに疑問をもたれて、善鸞義絶状の信憑性に疑義を呈しました。しかし、義絶が私的なものという考えは、根本的に間違っています。

第一に、善鸞義絶状は性信に交付されました。つまり親鸞は、性信に渡すことを前提にしてこの義絶状を書いています。善鸞の義絶は東国門弟に重大な影響を及ぼします。それゆえ親鸞は、性信や東国門弟が読むことを念頭に置いたうえで、義絶状を執筆しているのです。第二に、これは善鸞宛の義絶状ですから、当然、善鸞が読むはずです。それゆえ、善鸞に語りかけるという性格も、あわせもっています。

第三に、義絶状は私的な文書ではありません。義絶というのは、子どもの財産相続権を否定したり、その子との連座責任を負わないことを社会的に表明する法的確認行為です。義絶には法的社会的認知が不可欠ですので、公文書の体裁が必要となります。つまり、社会的な第三者がこれを読むことを念頭に置いたうえで義絶状は執筆されます。このように善鸞義絶状はたいへん複雑な性格をもっています。そのため善鸞義絶状には、ほかの書状には見えないような特異な要素が混入せざるを得ないのです。偽作論者たちは、この複雑さを理解していません。

たとえば、善鸞義絶状で親鸞は、この義絶を「三宝神明」に誓約しています。親鸞の通常の姿勢からすれば、「三宝神明」に誓約するというのは、ずいぶん突飛な行動です。でも、義絶状は公文書なのです。そうである以上、公文書にふさわしい様式が必要です。

一般に日本中世の義絶状には二種類のタイプがあります。第一は、義絶を神仏に誓約するタイプ。もう一つは、地元の人や親族など関係者が義絶状に証判をすえるタイプです。そして今回、親鸞は二つのタイプのうち、神仏誓約型を選びました。東国にいたなら有力門弟の署判を求めたでしょうが、京都にいる親鸞には証判にふさわしい人物が周辺にいません。だから神仏誓約型を選んだのでしょう。「三宝神明」に誓約したのは、義絶状のもつ公的な性格に関わっています。

また、義絶状では善鸞の罪状として、謗法《ほうぼう》の咎や、破僧の罪、父を殺すといった五逆罪を挙げています。親鸞は五逆・謗法の者の救済を掲げながら、ここでは善鸞の罪状を五逆・謗法の咎として非難しています。この二つをどのように整合的に理解すればよいのでしょうか。

しかし、親鸞は五逆・謗法の咎を挙げて、善鸞の極楽往生を否定したのではありません。義絶したのです。往生を否定したのであれば、親鸞思想と矛盾することになりますが、そうではありません。しかも、親鸞はこれ以前にも似たような発言をしています。『末燈鈔』

一九・二〇の書簡を見ますと、善知識をないがしろにする人々を謗法の者、五逆の者と呼んで、彼らと付き合うのを止めるよう勧めています。彼らの救済は自分が往生し成仏してから行うべきことであって、現世では彼らと親近してはならないと誡めています。五逆・謗法を根拠にしてそうした人々との人間関係を断つというのは、親鸞にとって一貫した行動であったわけです。

専修念仏禁止令が布達されているなかにあって、念仏信心を伝道するには、地域社会での無用の混乱を避けなければなりません。善知識を中心とする結束は非常に大切です。弾圧は仕方ないとしても、いたずらな弾圧は避けなければなりません。そのためには、統制を乱す者と関係を断つしかありません。そして親鸞は、善鸞に対しても、そのように相対したのです。

このように善鸞義絶状は、文書の伝来においても、またその内容についても、その信憑性を疑わなければならない点は、何一つありません。善鸞義絶状は本物であるというのが、私の結論です。

松本史朗『法然親鸞思想論』について

最後に、松本史朗氏の『法然親鸞思想論』に触れておきましょう。松本氏はこの著書で、善鸞義絶状が偽作であるだけでなく、義絶そのものが東国門弟によって「捏造された虚構」だと主張しています。その根拠として、善鸞義絶を伝える文献が義絶状と通告状しかなく、そのいずれもが偽造であるからだ、と述べています。さらに「かさまの念仏者のうたがひとわれたる事」という親鸞の真蹟書簡まで偽作とし、次から次へと偽造史料を摘発しています。松本氏の議論はこうして連想ゲームのようにふくれあがってゆきますが、残念なことに、一つひとつの論証がきちんと行われていません。

では、松本氏の研究のどこに問題があるのでしょうか。まず第一に、松本氏は善鸞の義絶を伝える文献が善鸞義絶状と通告状にしかないと主張されるのですが、『最須敬重《さいしゅきょうじゅう》絵詞』や『慕帰《ぼき》絵詞』の存在を忘れています。たとえば『最須敬重絵詞』巻五第一七段では「聖人（親鸞）も御余塵の一列におぼしめさず」と善鸞義絶に触れています。『慕帰絵詞』巻四第一段も善鸞が門流から離脱している様子を伝えています。松本氏は義絶の捏造は、親鸞の「血族系の信用失墜」を狙ったものだと言われます。つまり、親鸞の子孫をおとしめるために義絶を捏造したというのですが、『最須敬重絵詞』は覚如の弟子が著したものです。『慕帰絵詞』は覚如の息子が制作させたものです。親鸞の「血族」（子孫）が義絶を認めていることを、松本氏は無視しています。

また、義絶が性信たちによるでっち上げであったなら、デマの訂正はむずかしくありません。義絶されていない証明を親鸞に依頼すれば、話は簡単に済みます。親鸞から手紙を一通もらえば、性信たちの陰謀をあばいて逆に彼らを窮地に追いつめることも可能でした。にもかかわらず、善鸞は何もせずに、門流から離脱しています。何故なのでしょうか。そのことの説明がない限り、松本説は成立しません。ところが驚いたことに松本氏は、「何かが起こった」というのです。この本の一九九頁に、本当に「何かが起こった」と書いています。その「何か」が何なのかを説明してはじめて学説たり得るのですが、松本さんはその「何か」を説明することを怠ったまま、義絶の捏造を主張され、真筆書簡の偽造まで口にされるのです。結論が過激な割りには、その論拠は驚くほど貧弱です。

それだけではありません。本書を貫く最も大きな問題点は、用例至上主義の暴走です。話は簡単です。親鸞の著作の索引を見て、用例が一つか二つしかないような用語をリストアップします。そして、親鸞の作品全体のなかで、この言葉のこの用例はこの史料だけだ、だからこれはニセ物だ、と偽撰論を展開してゆくのです。こうして真宗史料は偽文書だらけになります。その結果、何が見えてきたか。松本氏は何を発見したのでしょうか。

まず、『唯信鈔』にしろ、『一念多念分別事』にしろ、実はこれは親鸞が執筆したものである、というのが用例論からする松本さんの結論です。ところが親鸞は、これらを自分で執筆しておきながら、なぜかそれらが自著であることを隠蔽し、聖覚や隆寛の著作といつわって東国の門弟に送付した、というのです。そういう面倒くさいことをなぜ親鸞がやったのか、その説明はありません。

では、横曾根門徒はどうでしょうか。松本氏によれば、彼らは性信の権威を回復させるために、義絶の通告状を捏造したばかりか、さらに親鸞の手紙を偽造して、『唯信鈔』を焼き捨て『一念多念分別事』を読むのを止めるよう勧めさせた、というのです。師弟ともに文書の偽造に熱中する異様なカルト集団、これが松本さんの用例至上主義が浮かび上がらせた親鸞たちの姿です。

しかし、ここに見えるおぞましさは、はたして親鸞たちの実態としての異様さなのでしょうか、それとも用例至上主義という学問的方法のおぞましさなのでしょうか。

ある史料のある表現が親鸞の用例で少数であったとしても、だからといって、それがそのまま偽作の根拠にはなり得ません。なぜなら、私たちの前にある史料は、全体のなかのごく一部に過ぎないからです。膨大な史料が失われており、しかも史料の残り方は均質ではありません。大きな偏りがあります。ですから、用例をもとにした作者の同定や真偽判断は一つの傍証にはなり得ても、それだけでは確定的な論拠にはなり得ません。松本氏は、このことを見誤っています。

存在するはずの用例が検出できないことも珍しくありません。たとえば親鸞の場合、

「疑心の善人」に対応する悪人概念が現存史料では確認できません。第六章でお話ししましたように、親鸞には「疑心の善人」という独特の善人概念が見えます。ところが、これに対応する反対概念は親鸞の著作をいくら捜しても見つかりません。「疑心の善人」概念が存在する以上、「他力の悪人」概念が想定されていたはずですが、どんなに捜してもそれに相当するものが見つからず、唯一『歎異抄』に見えるだけです。親鸞ほど豊富な著作が残っていても、存在するはずの用例が見つからないこともあるのです。

とすれば、用例が一つしかない、二つしかないといって、捏造論に走るのは危険きわまりない。松本さんのこの著書は、用例至上主義という方法に安易に頼れば、どこまで暴走するのか、そのことを示した反面教師の書として読まれるべきでしょう。松本氏の法然論は賛成できないにしても、研究としてはもう少し緻密にできているのですが、親鸞関係の多くの論文はほとんど妄想としか言いようがありません。これは研究を進めるうえで、たいへん残念なことです。

以上、善鸞義絶事件を中心にお話ししてきました。この造悪無碍—善鸞事件は、親鸞に大きな思想的衝撃を与えました。そしてそれを契機に、親鸞の思想が変容してゆきます。

第八章　親鸞思想の変容

造悪無碍とは

造悪無碍—善鸞事件は、親鸞に大きな傷を残しました。息子を信じて派遣したにもかかわらず、それがいっそうの混乱を招いてしまったのです。でも、言うまでもなく、この混乱の責任は親鸞にあります。善鸞が予想外の行動をとったにせよ、また長らく放置していた善鸞への後ろめたさがあったにしても、善鸞派遣を決定したのは親鸞です。親鸞はどこで間違ったのでしょうか。

一番の原因は東国で何が起きているのか、正確な状況把握に失敗したことです。特に重要なのは、東国で発生した造悪無碍の捉え方です。もちろん、親鸞は十分な情報収集ができたわけではありません。それだけに、この点で親鸞を責めるのは酷というものです。しかし善鸞事件の顚末にせよ、その後の思想変容にしても、すべてが造悪無碍の問題に絡んでいます。

とはいえ、この造悪無碍の問題を、きちんと詰めた形で議論をするのはたいへんむずかしい。肝心な造悪無碍の実態がよく分からないからです。正面から造悪無碍を主張した文献はありません。あるのは伝聞に基づいて造悪無碍を非難した史料だけです。幾重ものバイアスがかかった偏った史料しかありませんので、造悪無碍の実態をどのようなものと捉えるかは、非常にむずかしいわけです。このことを踏まえたうえで、検討に入りましょう。

一般に造悪無碍は「阿弥陀仏はいかなる悪人でも救済されるので、悪を怖れる必要はない。心配せずに悪を思うがまま振る舞ってよい」という、欲望を全肯定した思想と理解されています。親鸞もそのように捉えていて、「弥陀の薬があるからといって、酔いの消えていない人に酒を勧め、毒の消えていない人に毒を勧めるのは間違っている」と批判しています（建長四年八月二十二日消息『末燈鈔』二〇）。一般論としていえば、これはまことにもっともな発言であり、間違ったことを言っているわけではありません。また、親鸞は、こうした造悪無碍の行動が東国門弟への弾圧を誘発している、と非難しています。

でも、これが造悪無碍への的確な批判なのかと問われれば、疑問だと思います。第一に、専修念仏の教えは造悪無碍と非難される要素を本質的に内包しています。先に述べたように（一二八頁）、戒律をめぐる法然と興福寺奏状との対立点は、破戒を恥ずべきものと考えるかどうかにありました。破戒は止むを得ないとしても、せめて破戒を恥ずべきことと自覚せよ、と貞慶は主張します。それに対し、戒律は極楽往生行ではないのだから、それが守れなくても恥ずかしく思う必要はない、と法然は説きました。顕密仏教の価値観からすれば、破戒は悪そのものです。ですから、破戒を恥ずかしく思う必要がないというのは、悪（破戒）を憚る必要はないという造悪無碍の教えそのものです。

このように顕密仏教の立場からすれば、法然の教えそのものが造悪無碍を説いたものと映りました。事実、造悪無碍を口実にした専修念仏の弾圧要求は、建永の法難の前後を通じて一貫しています。元久二年（一二〇五）の興福寺奏状、建保五年（一二一七）延暦寺大《だい》衆解《しゅげ》、貞応三年（一二二四）延暦寺大衆解は、専修念仏の言動を次のように記しています

（『鎌倉遺文』一五八六号・二二二五号・三二三四号）。

【元久二年】もし人、罪を怖れ悪を憚らば、是れ仏を憑《たの》まざるの人なり

【建保五年】浄土に生まれんと欲さば、宜《よろ》しく悪業を造るべき也。恐れて造らざるは、還って悲願を疑う

【貞応三年】彼の党類は悪を造りて改悔の心なく、戒を破りて堅持の望みなし。（中略）争《いか》でか懈《け》怠放逸《たいほういつ》の行《ぎょう》を立て、清浄善根の界に生まるることを得んや

このように建永の法難以前も、以後も、「専修念仏が造悪無碍を説いている」と顕密仏教は非難しています。建長年間に造悪無碍の問題が突如噴出してきたのではなく、専修念仏

が登場して以来、ズーッと批判されつづけています。仏法についての考えが大きく異なっているため、顕密仏教の善悪観と、専修念仏の善悪観にズレが生じました。顕密仏教が考える悪の範囲と、専修念仏が考える悪の範囲がズレたのです。これが造悪無碍批判を誘発した根本要因です。

第二に考えるべきは、造悪無碍の「悪」の中身です。その「悪」の具体的な中身によって、造悪無碍はとんでもない教えということにもなりますし、常識的な考えとも言えます。たとえば当時は、狩猟・漁労は殺生＝悪業と考えられていました。となれば、「漁労を続けても極楽往生に差し障りがない」と教示すること自体が、造悪無碍の勧誘になります。念仏信者の漁師がいたとして、彼が漁（殺生）を続けることは造悪無碍と非難されるべきことでしょうか。顕密仏教が言うように、彼は罪意識をいだきながら漁をしないといけないのでしょうか。それとも、「そういう罪意識それ自体が無意味であるので、つまらぬ罪悪感に囚われる必要はない」と語ることは、おかしな主張でしょうか。造悪無碍を歴史的に評価するには、その「悪」の中身が決定的に重要なのであって、一般論として述べるなら、造悪無碍はよい事とも悪い事とも言えません。

では実際に、造悪無碍の具体的内容はどういうものだったのでしょうか。興福寺奏状は、専修念仏が「囲碁《いき》双六は専修に乖《そむ》かず。女犯肉食《にょぼんにくじき》も往生を妨げず」と放言している、と非難しています。慈円も、専修念仏が「この行者に成ぬれば、女犯を好むも魚鳥を食《くらう》も、阿弥陀仏は少しも咎め玉はず」と喧伝し、「魚食女犯の放逸を専らにす」と非難しています（『愚管抄』『門葉記』巻九三）。つまり、「悪を怖れる必要はない」といった時の「悪」の中身は、女犯・肉食と囲碁・双六に過ぎません。造悪無碍の「悪」の実態とは、そもそもこの程度の話です。「囲碁双六や女犯肉食と極楽往生とは関係がない」と説いているのを、顕密仏教側が造悪無碍と批判しているだけです。そして極楽往生が念仏や信心で決まる以上、囲碁双六や女犯肉食と往生とが何の関係もないのは言うまでもありません。この言動は法然の教えとも、親鸞の教えとも、なんら矛盾するものではありません。

法然門下の保守派に属した聖光坊弁長も、造悪無碍を厳しく批判しました。「罪を怖るるは本願を疑ふ也」といった教えを聞いた人々が、斎戒《さいかい》の受持《じゅじ》をやめてその日から「狩漁」をしたり、尼法師たちが人目を憚らず魚鳥を食べたり、魚や韮《にら》を持ち歩いたりしている。弁長は「この事、怖るべし、怖るべし、何《いか》せん」と非難しています（『念仏名義集』）。でも、こういう発言を聞いていると、造悪無碍を批判している人のほうが異様なように思えてきます。魚鳥を食べることは、それほど「怖る」べきことなのでしょうか。

かつて明恵は、専修念仏の悪評は一部の弟子の暴走のせいだと考えていました。ところが『選択集』を読んで、それが法然思想そのものに淵源していることに気づいて愕然とします。私は明恵の認識は正しいと思います。造悪無碍は、法然や親鸞の思想を正しく理解できなかった一部の弟子の暴走ではありません。専修念仏の教えは、顕密仏教から造悪無碍と非難される要素を本質的に内在させています。女犯肉食は恥ずべきことなのでしょうか。これを恥とも思わない人々が、造悪無碍の徒と指弾されたのです。現代社会では、一般に女犯肉食を恥ずべきこととは考えていませんので、さしずめ私たちはみんな造悪無碍の徒ということになります。研究者のなかには、今でも造悪無碍を批判的に語る人がいますが、晩飯（非時食《ひじじき》）をとり酒を飲み肉を食らい、テレビや小説・音楽（狂言綺語《きょうげんきぎょ》）を楽しんでいる者に、造悪無碍を批判する資格はありません。

専修念仏と顕密仏教とが考える悪の範囲にズレが生じた。これが造悪無碍批判を誘発した本質的要因です。二つの仏教観の軋轢の表現、これが造悪無碍なのです。

造悪無碍批判の歴史的背景

では顕密仏教は、なぜこうした造悪無碍の言説に神経を尖らせるのでしょうか。その歴史的背景を見ておきましょう。

十一世紀後半の院政時代に顕密仏教は最盛期を迎えます。末法を克服して平和と繁栄を実現するために仏法興隆政策がとられ、院権力はこの政策を主導することで、王権の強化をはかりました。そして寺社領荘園が確立し、全国に本末関係のネットワークが構築され、社会のあらゆる領域に仏教が広く深く浸潤してゆきます。第二章の「顕密僧の妻帯」で、中世の顕密仏教界で妻帯が野放しになっていた話をしましたが（九五頁）、だからといって中世社会で仏教がいい加減に扱われていたわけではありません。むしろ逆です。

寺院世界が世俗と切り離され、僧侶が異空間で厳しく戒律を遵守する、というのが仏教と世俗との一般的な在りようですが、日本中世はそれとは異なります。仏教の教えが社会に広く浸透し、それにつれて寺院世界と世俗社会のボーダレス化が進みました。剃髪をして袈裟をまとった在俗出家が、貴族社会にも、幕府組織にも、また村落にも、膨大に存在しています。在俗出家とは平清盛・足利義満や歴代の院のように、僧形の姿で世俗活動を継続している人をいいます。彼らは隠居（遁世）ではありません。男は家督を維持し、女性は家政を掌握していますが、姿・形は僧形なのです。何をどの程度禁欲するかは個人差がありますが、おしなべて彼ら／彼女たちはそれなりに禁欲生活を送っていました。

今でも組織の重鎮は年齢の高い人が多いですが、日本中世では世俗社会のさまざまな組織の宿老が在俗出家でした。鎌倉幕府の評定衆の半数以上を占めたこともありますし、南北朝時代の村落では三割ぐらいの民衆が在俗出家です。これは非常に奇妙な風俗でして、世界史的に見てもこんな話は日本だけです。日本の歴史のなかでも中世だけです。僧侶の姿をした俗人が中心となって、世俗社会が運営されました（拙稿「日本中世における在俗出家について」『大阪大学大学院文学研究科紀要』五五巻、二〇一五年）。その分、寺院世界の戒律は緩くなっていますが、社会全体ではむしろ仏教や戒律への関心が高まっています。

たとえば六斎日《ろくさいにち》の精進を見てみましょう。これは一般の在家信徒が毎月八日、十四日、十五日、二十三日、二十九日、三十日の六斎日に八斎戒《はちさいかい》を遵守することです。八斎戒は殺生、盗み、セックス、虚言、飲酒、歌舞の視聴や化粧、昼以後の食事などを慎むものです。普通の人が月に六回、この斎戒を守るのです。このなかでも特に重視されたのが、殺生の禁と昼以降の断食（持斎《じさい》）です。これを月に六回守ります。もちろん、自発的な遵守にとどまりません。特に六斎日の殺生禁断は朝廷や幕府が頻繁に命じていて、平安末から南北朝期まで確認できるものだけで、朝廷は九回、幕府は七回、禁令を発布しています。

こうした斎戒や殺生禁断には、罪の浄化力があると考えられていました。一種の祓いの機能をもったのです。個人的な罪業が浄化されますので、往生にはプラスとなります。しかしそれ以上に重要なのは社会の浄化です。六斎日の精進によって、時間と空間が浄化され神々がその威力を回復すると考えられました。神は日本の平和と繁栄を直接担っていると考えられていましたので、六斎日の精進は、社会全体の平和と繁栄を維持するうえで大きな効果があるとみなされました。

たとえば叡尊は、モンゴル襲来のあと殺生禁断や斎戒受持を積極的に広めました。その理由は、日本の神々が神風でモンゴル軍を撃滅したことです（『鎌倉遺文』一五〇七八号）。このおかげで日本は救われましたが、神々は殺生の罪を背負うことになります。このままでは神々は、威力を発揮できません。三度目が予想されるモンゴル襲来に、神々が対応できなくなる。そこで叡尊は、殺生禁断や斎戒の受持を社会に広めることによって神々の罪業を浄化し、その威力を回復させようとしました。叡尊のこの運動は、広汎な社会的共感を得ています。このように斎戒や殺生禁断には、罪の浄化機能があると考えられました。

しかしそのことは逆にいえば、斎戒や殺生禁断を守らないことは、社会の安寧を乱す行為ということになります。六斎日に斎戒を遵守することは、個人的な趣味の問題ではありません。一人の不信、一人の破戒は社会全体の厄災をもたらし、国の安全保障を危機に陥れます。そのため、六斎日の殺生禁断が繰り返し命じられたのです。仏教はこうして、強制力をともないながら民衆の世界に植え付けられてゆきました（拙稿「殺生禁断と殺生罪業観」『周縁文化と身分制』思文閣出版、二〇〇五年）。

『拾遺往生伝』（一一二三年成立）という書物があります。それを見ますと、橘守輔《もりすけ》という人物が「邪見」の輩として描かれています。彼がどのように「邪見」であったかというと、「斎日節時」に精進しない、というだけです。仏教が文化の中心となった日本中世では、月に六日の斎戒を無視するだけで、人間としての人格を否定されかねない、そういう社会でもありました。

源頼朝は長年にわたり毎日の勤行として、般若心経一九巻、観音経一巻、寿命経一巻、毘沙門経三巻、薬師呪二一反、尊勝陀羅尼七反、毘沙門呪一〇八反、阿弥陀仏名一一〇〇反を唱えています。普通の俗人が、毎日これだけのお勤めをしているのです。その頼朝は治承四年（一一八〇）八月十七日に挙兵しますが、豪雨のために部下の集結が遅れてやきもきします（『吾妻鏡』治承四年八月十六日条、十八日条）。なぜ頼朝が焦ったかというと、十八日は観音の縁日です。小さな時から頼朝は、毎月十八日には必ず観音にお祈りをして放生《ほうじょう》を行ってきました。だから、十八日には戦《いくさ》ができない。でも、十九日まで延ばせば挙兵計画が露顕するのは必至だ、ということで苦慮します。結局、何とか無事に十七日夜に挙兵できたのですが、頼朝のような武人であっても、仏教はここまで規制力をもっていました。こうした作善《さぜん》を日常的に行うことが当然視されていたわけです。それに対し専修念仏は、そのような作善に意味はないとして社会規範を揺るがせました。この軋轢が造悪無碍批判という形で噴出したのです。

造悪無碍に関わって、もう一つ問題があります。肉食《にくしょく》のケガレです。貞応三年（一二二四）の延暦寺の訴えでは、専修念仏の悪行が次のように指弾されています（『鎌倉遺文』三二三四号)。

凶徒の行儀を聞くに、肉味を食して以て霊神の瑞籬《ずいり》に交わり、穢気に触れて以て垂《すい》迹《じやく》の社壇に行く。即ち是れ、十悪五逆はなお弥陀の引接《いんじよう》に預かる。神明《しんめい》神道は争《いか》でか極楽の往生を妨げんやと云々。

「肉味」を食すとは獣肉食のことです。専修念仏の人々が、肉食のケガレを無視して神社に出入りしていることを非難しています。「神道」は神のことです。神の教えではありません。さて、日本の肉食禁忌には二種類ありました。仏教と神祇信仰の二つです。仏教でいう「肉食《にくじき》」は獣肉から魚鳥まで含みますが、神祇信仰の肉食禁忌には魚鳥は含まれません。獣肉だけです(拙稿「日本の肉食慣行と肉食禁忌」『アイデンティティ・周縁・媒介』吉川弘文館、二〇〇〇年)。

大和朝廷は神祇祭祀の時に、獣肉を食べることをタブーとしました。贅沢な食事を慎しむことで神に願いを聞き届けてもらおう、これが理由となって獣肉食がタブーとなりました。祭祀期間中は、神官や律令官人の獣肉食が禁じられています。ところが十二世紀ごろから、獣肉食のタブーをケガレで説明するように変化します。猪鹿の獣肉を食べると穢れるので、祭祀期間中は禁じられるのだ、と説明されるようになります。しかも、これまでケガレと何の関係もなかった鹿食《かじき》が食穢の中心となり、天皇に出す食事も猪鹿の肉が消えて魚鳥食中心に変わりました。

獣肉食のケガレは十二世紀ではまだ一日程度でしたが、鎌倉時代になると、三〇日から一〇〇日のケガレへと極端に肥大化してゆきます。さらに食穢が伝染すると言われ始めます。つまり猪鹿の肉を食べた者は、食後三〇日から一〇〇日間は神社参詣が禁じられました。しかも、獣肉を食べた者と同座したり煮炊きの火が同じだと（相火《あいび》）、ケガレが伝染しましたので、感染した者も参詣を憚らなければなりません。鎌倉時代に獣肉ケガレ観は異様なほどの発達を遂げてゆきます。専修念仏はこのタブーを無視したばかりか、「無視しても神罰はあたらない」と放言した、というのです。院政時代より、神威高揚のために六斎日精進や獣肉食禁忌への同調圧力が格段と強まっています。専修念仏はこれに抵触したのです。

建長年間（一二四九〜五六）に東国で問題になった造悪無碍も、その実態はおそらくこの程度のものだったと思います。もちろん、造悪無碍の「悪」の中身が、盗みや殺人にまで及んでいれば、それを肯定することはできません。でも、その可能性は低いでしょう。中世とはいっても、普通の人が暮らす普通の社会です。「盗みや殺人を憚る必要はない」、そう主張する変人がいたとしても、それに同調者が続出して社会問題化するといった事態は考えられません。

もちろん、論理的な可能性として、同調者が続出した事態もあり得ないわけではありません。でも、その場合は仲間同士で盗み合い、殺し合いが始まりますので、そんな集団はすぐに潰滅してしまいます。「盗みや殺人を憚る必要はない」という主張は、そもそも集団化が不可能です。こんな主張が社会的影響力をもてようはずがありません。建長年間に、東国門弟が特におかしな言動をするようになったわけではないでしょう。

そうであれば、なぜ建長年間から、造悪無碍をはじめとする論争が東国門弟の間で沸き起こるようになったのでしょうか。かつてはこの問題を、東国教団の内的要因から探ろうとしてきました。ところが、近年、禅律僧研究が大きな進展を遂げたこともあって、むしろ外的要因の変化からこの問題を考えようとする研究が出てきています（小島恵昭「建長四年の造悪無碍の社会的背景」『真宗教学研究』八号、一九八四年、松尾剛次『親鸞再考』）。私も、その観点からこの問題を捉えてみたいと思います。ポイントとなるのは、東国門弟をとりまく社会環境の変化です。

北条時頼の新政策

建長年間から造悪無碍の問題が浮上した背景には、鎌倉幕府の宗教政策の転換がありま す。**表10**をご覧ください。これは鎌倉で活動した僧侶のなかで、権僧正以上の官位をもっ

表10　鎌倉で宗教活動をした僧正

第1期	源氏将軍の時代(1180〜1219)　1名
	禅律1〔栄西〕
第2期	将軍九条頼経の時代(1219〜1246)　13名
	東密5〔定豪、厳海、良瑜、実賢、良恵〕
	山門5〔成源、快雅、良信、印円、良禅〕
	寺門3〔道慶、猷尊、道禅〕
第3期	北条時頼・時宗の時代(1246〜1284)　9名
	東密3〔良瑜、良基、定清〕
	山門3〔良信、承澄、最源〕
	寺門3〔道禅、隆弁、頼兼〕
第4期	北条貞時・高時の時代(1284〜1333)　56名
	東密26〔良基、頼助、親玄、道朝、能厳、益助、定融、成恵、益性、元瑜、宣覚、隆勝、頼乗、聖済、経助、信忠、有助、道承、道乗、頼演、頼源、顕助、栄海、豪親、覚雄、禅秀〕
	山門16〔源恵、忠源、道潤、安忠、尊深、実誉、定祐、承教、経恵、憲雅、仁澄、良斅、雲聖、澄助、聖恵、源瑜〕
	寺門14〔公朝、覚乗、道瑜、親性、行讃、道珍、房海、房暁、上智、顕弁、契覚、房朝、増基、覚伊〕

＊複数の時期にわたる者は、二度目の名に下線を引いた。法親王も入れたが、短期滞在の僧侶は除いている。

た高位高官の僧侶を、時期別に示したものです。つまらない表ですが、これを作成するのに二〇年以上かかっています。たいへんと言えば大変ですが、まあ、研究とはそういうものです。さて、この表をみると、鎌倉における顕密仏教の人的整備がどのように進んだかが分かります。

第1期「源氏将軍の時代」は栄西ただ一人です。源頼朝をはじめ歴代将軍は、鶴岡八幡宮《ぐうじ》寺・勝長寿院・永福《ようふく》寺などの将軍御願寺をつぎつぎに創建して顕密仏教の整備を図りました。でも、なかなか質の高い僧侶を揃えることができていません。第2期「将軍九条頼経の時代」になると、権僧正以上は一三名と大幅に増えています。将軍頼経と、実家の九条家が連携し、京都から大量の顕密僧を招いて充実を図りました。これにより東国仏教界は大いに発展します。

これからすると、親鸞の東国時代は人材不足の時期に当たります。幕府や御家人が競って寺院を建立しますが、質の高い僧侶を迎えるのは、なかなか難しかった。栄西のように京都から追放された僧侶、師匠と喧嘩をして京都にいられなくなった僧侶、相続争いに敗れた僧侶、そういう脛にキズをもった僧侶を、鎌倉は温かく迎えました。親鸞は文暦元年(一二三四)ごろに帰洛しますが、それから間もなく、将軍頼経の積極策もあって、鎌倉では僧侶が飽和状態になります。

その地の「縁が尽きたなら去れ」と親鸞が語ったことを先に紹介しましたが（一一三頁）、あの発言には実は二つの前提があります。第一は、村落の開放性です。「縁が尽きたなら去れ」と言えたのは、鎌倉時代の村が開放的だったからです。別の村に移って住みつくことが、さほど困難ではなかった。ところが南北朝時代に惣村が成立して、村が自治的な力をもつようになると、村落は閉鎖的になり、よそ者を受け付けなくなります。その点でいうと、親鸞の発言は鎌倉時代であったから可能だったと言えます。

第二は、学識の高い僧侶が東国で不足していたことです。親鸞のような人材であれば、思想の如何を問わず、大事にしてくれる土壌がありました。親鸞にとって東国伝道が厳しいものであったことは否定しませんが、しかし歴史的に見れば、親鸞が東国で活動していた時期は、むしろ恵まれた時代だったと言えます。

東国の雰囲気が大きく変わるのが、北条時頼の時代です。もう一度、**表10**を見てください。僧正の数は、第1期一名から第2期一三名へと大幅に増えたのに、第3期「北条時頼・時宗の時代」には九名に落ち込んでいます。このうち二名は祈禱実績が確認できませんので、実質七名です。時頼が顕密仏教の発展にブレーキをかけたことが分かります。ところが、第4期「北条貞時・高時の時代」になると、一転して五六名に激増しています。とモンゴル襲来後に鎌倉幕府は、異国降伏《ごうぶく》のため、もう一度政策を変えて顕密仏教の充実を図りました。鎌倉時代の末期は、鎌倉の顕密仏教が爆発的な発展を遂げたことが分かります。このように鎌倉幕府の宗教政策は、北条時頼と、モンゴル襲来によって二度大きく転換しました。

では、北条時頼はなぜ顕密仏教の発展にブレーキをかけたのでしょうか。原因は将軍権力と北条得宗との権力抗争です。将軍源実朝が暗殺されたあと、鎌倉幕府は京都から九条頼経（二歳）を将軍として迎えました。頼経は九条兼実の曾孫に当たります。九条頼経を迎えましたが、北条氏は将軍に権力を委ねるつもりはありません。操り人形にしようとしました。ところが、九条頼経は成長するにつれて本物の将軍を目指すようになります。この思惑のズレが、北条氏一門内の嫡流争いや、有力御家人の主導権争い、さらに朝廷内部の対立と絡み合って、九条道家・頼経親子を基軸に深刻な権力闘争が繰り広げられました。

将軍派……将軍九条頼経、北条一門の名越氏、御家人の三浦氏、九条道家

得宗派……執権北条経時・時頼、御家人の安達氏、二条良実、西園寺実氏

北条時頼は宮騒動（一二四六年）で九条頼経を追放して名越氏を失脚させ、宝治合戦（一二四七年）では三浦泰村を滅ぼしました。さらに後嵯峨上皇と協力して、京・鎌倉から九条家一門を徹底排除しました（建長の政変、一二五二年）。

こうして両派の抗争は将軍派の敗北に終わりましたが、この一連の抗争は、鎌倉の仏教

界に深刻な影響を及ぼします。これまで鎌倉の仏教整備は将軍の主導によって推進されてきました。そのため、北条得宗との権力抗争では高僧の多くが将軍の味方となって、得宗に敵対しました。その苦い体験を経て権力をにぎった北条時頼は、幕府の宗教政策を劇的に変えます。まず、鎌倉の顕密仏教界を縮小しました。将軍頼経の主導で発展してきた顕密仏教を大きく削減したのです。そして、顕密仏教に代わる新たな仏教を保護・育成しようとします。こうして選ばれたのが禅と律です（拙稿「東国鎌倉の密教」『智山学報』六九輯、二〇二〇年）。

北条時頼は建長元年（一二四九）から建長寺の創建にとりかかり、蘭渓道隆《らんけいどうりゅう》を開山に迎えます。この建長寺創建は、禅宗が全国に広がってゆく決定的契機となりました。これには少し説明が必要です。

鎌倉初期に栄西は禅を伝えましたが、朝廷は禅の立宗を認めず、建久五年（一一九四）に栄西らを追放します。「禅も念仏も、顕密仏教の中にすでに存在している。それを禅宗・念仏宗として別立することを認めれば、人気の高いこれらの分野を奪われて顕密仏教は大打撃をうける、だから禅宗・念仏宗の新規立宗を認めない」というのが、朝廷の方針でした。京都を追われた栄西は鎌倉に逃れますが、その高い学識からすぐに幕府の信頼を得ます。そして幕府は栄西の要請を容れて、建仁寺の開創許可を朝廷に求め、朝廷は天台・真言の併置を条件に建立を認めました（一二〇二年）。顕密を併置させて、禅重視の顕密寺院という体裁をとらせれば、禅の立宗禁止政策と矛盾しないと考えたのです。鎌倉前期に創建された禅院は、寿福寺・東福寺などすべて顕密併置の禅院です。

ところが北条時頼は、朝廷の政策を無視して、禅宗だけの単独寺院（建長寺）を建立しました。将軍を倒し、九条道家をも倒した北条時頼です。もはや誰も止められません。こうして北条得宗によって禅宗の新規立宗が実質的に認められ、やがて朝廷もそれに追随することになります。日本の禅宗が本格的に発展するのは、この建長寺からです。

また叡尊の弟子の忍性《にんしょう》は建長四年に関東に下向し、やがて幕府重鎮の保護をうけるようになります。西大寺流律僧は、鎌倉極楽寺を中心に爆発的に発展しました。鎌倉中期から約一世紀ほどは「禅律僧の時代」と言ってよいほど、禅律僧が活躍します。そのきっかけとなったのが北条時頼の新政策です。禅律僧の特徴は戒律の護持です。私利私欲を排して仏法興隆のために専心する僧侶、その実態はどうであれ、こういうイメージが広まっています。幕府の手厚い保護を受けた禅律僧は、時代の寵児となりました。

法然門流も、鎌倉の禅律ブームに乗ろうとします。然阿《ねんあ》良忠《りょうちゅう》（鎮西派）は建長の初めごろに東国に赴きます。そして、北条朝直《ともなお》の帰依を受けて鎌倉悟真寺に迎えられ、東国に大きな足跡を残しました。また、建長三年に北条長時が開創した浄光明寺は「持戒念仏」

の寺であり、真阿《しんあ》や行 敏《ぎょうびん》が活躍しています（『鎌倉遺文』一八九六九号）。諸行本願義長 西《ちょうさい》の弟子である道阿道教は、弘長二年（一二六二）鎌倉を訪れた叡尊に会いに行っています。叡尊に親近感をいだいていたことが分かりますが、この道教は名越《なごえ》の新善光寺別当であって、鎌倉の念仏者の中心的存在でした。さらに隆寛の弟子の智慶も鎌倉に長楽寺を開いていて、相当な勢力をもっていたようです。法然門下でいえば、彼らはいずれも保守派・穏健派に属する人々でして、諸行往生や諸行本願の立場をとっていました。しかも『関東往還記』によれば、叡尊の講義を聴聞していた誓阿という念仏者が「日来の邪義」「偏執」を悔い改め、「断悪修善」に励むことを誓約しています。禅律ブームに接して、多くの念仏者が持戒念仏に転身してゆきました。

日蓮は正元元年（一二五九）、法然門下が「恣《ほしいまま》に関東近住を企《くわだ》つ」と非難していますが、それは建長以降、持戒念仏派が鎌倉や関東で急速に勢力を伸ばしたことを指しているはずです*（『念仏者令追放宣旨御教書集列五篇勘文状』）。その一人である浄光明寺行敏は、文永八年（一二七一）日蓮を幕府に訴えました。それに対し日蓮は、行敏の背後で忍性・良忠・道教らが連携している、と睨んでいます。持戒念仏派と、律僧との親近性がうかがえます。のちに室町幕府は浄土宗（鎮西派・西山《せいざん》派）を律僧の一種として扱っていますので（大塚紀弘『中世禅律仏教論』山川出版社、二〇〇九年）、法然門下の保守派の人々は禅律ブームに乗ることに成功したわけです。

＊北条時頼の新政策は日蓮にも影響を与えた。日蓮は建長五年に立宗し、康元元年（一二五六）ごろに鎌倉に進出し、文応元年（一二六〇）に時頼と面会して『立正安国論』を奉呈している。結局、日蓮は幕府から弾圧されることになるが、日蓮のこうした動きも、北条時頼の新政策に刺激を受けたものと言える。

法然・親鸞らの専修念仏の教えはその理想が高いものの、社会的には不安定です。しかし、鎌倉幕府の禅律保護政策が登場したことによって、持戒念仏という形をとれば、念仏の教えを安定して布教することができるようになりました。法然門下の大勢は、この流れに乗ったのです。

このように北条時頼の政策転換を機に、建長年間から鎌倉で禅律僧や持戒念仏派が急速に勢力を伸ばしています。彼らの共通項は戒律です。戒律や斎戒を重視する僧侶が幕府の支持を得ました。しかも北条時頼は、建長四年（一二五二）に酒の売買を禁止しています。この一種の禁酒政策も、おそらく時頼の戒律重視と関わっているはずです。六斎日精進を当然視する雰囲気が、幕府首脳や御家人の間に強まってゆきます。

こうした社会風潮の変化は、親鸞門流にも影響を及ぼしたはずです。建長年間に親鸞門流の中で、念仏や造悪無碍をめぐる論争が活発になるのはその表れです。戒律が重視され、持戒念仏がブームとなってくるなか、親鸞門徒は否応なく、それへの対応を迫られたのです。六斎日の精進が当然視され、それを拒否する者は造悪無碍の徒と非難され、迫害されます……。東国の雰囲気は、親鸞がいたころとは一変しました。

変質したのは東国門徒ではありません。東国の宗教的環境が激変したのです。しかし遠く離れた親鸞には、そうした事情は分かりません。おそらく東国門徒たちも、何が起きているのか、よく分からなかったでしょう。戒律や精進へのプレッシャーが日増しに強まってくるのを実感して、その対応に追われるばかりだったと思います。

情報過疎も手伝って、親鸞は状況把握に失敗しました。そして造悪無碍が本当に起きているのだと誤認し、その封じ込めを善鸞に託したのです。である以上、善鸞が暴走するのは必然でした。

自然法爾の世界へ

造悪無碍の誤認は、親鸞に大きな傷となって跳ね返ってきました。信じていた息子に裏切られただけでなく、東国門弟たちも、善鸞のたわいない言動に惑わされました。しかし何よりも問題なのは、自分自身の判断ミスです。これが、すべての混乱の原因です。これが東国門弟を傷つけ、善鸞を傷つけました。親鸞は当然そのことを自覚していたはずです。

義絶からほぼ一年後の手紙で、親鸞は次のように述べています。

目もみえず候。何事もみな忘れて候うへに、人などにあきらかに申すべき身にもあらず候。

（閏三月二日消息『末燈鈔』八）

「目も見えないし、教理的なことも忘れているうえに、そもそも私は人に教えたりできるような人間ではない」。親鸞の深い挫折がここに読み取れるでしょう。「目もみえず候」というのは、ただ単に老眼で目が見えなくなったという話ではないはずです。親鸞の精神的ダメージの深さがうかがい知れます。

柏原祐泉氏によれば、造悪無碍―善鸞事件を契機に、親鸞の末法観が正像千五百年説から正像二千年説に変化したとのことです（「親鸞における末法観の構造」『大谷学報』三九―二、一九五九年）。前者だと末法になるのは五五二年ですが、後者は一〇五二年から末法に入ります。正像二千年説のほうが末法観がより生々しいのですが、事件をきっかけに、親鸞は改めて末法の深まりを実感したのでしょう。これまでの親鸞にとって、末法思想は聖道門の破綻と、浄土門の正当性を明かす根拠でした。ところが今や末法観は、他力の人々に対する絶望として吐露されはじめます。

正嘉元年（一二五七）、親鸞は『唯信鈔文意』に次のように加筆しました。

この世の人は無実の心のみにして、浄土を願ふ人はいつはり（偽）、へつらひ（諂）の心のみなり

と聞こえたり。世を捨つるも、名の心、利の心を先とするゆへなり。

「末代の人には真実の心がない。浄土を願う人も、偽りとへつらいの心しかもっていない。世を捨てるという浄土願生者まで、名利にとらわれているからだ」。ここでの否定的な詠嘆は、自力が不可能であることを説く時のものとは性格が違います。浄土を願う人々にすら、真実がないと断じています。

また正像末和讃は草稿本・初稿本・文明開板本と、年を追うにつれて悲嘆の調子が強まってゆきます。次の和讃は、文明開板本に登場するものです。

造悪このむわが弟子の、邪見放逸《ほういつ》さかりにて、
　末世にわが法破《は》すべしと、蓮華面経に説きたまふ

浄土真宗に帰すれども、真実の心《しん》はありがたし、
　虚仮《こけ》不実のわが身にて、清浄《しょうじょう》の心もさらになし

最初の和讃は、「造悪を好む仏弟子たちの邪見が、末法の世に仏法を破滅させるだろうと、釈迦は蓮華面経で予言された」といっています。ここでの「造悪このむわが弟子」とは、明らかに他力の門徒を指しています。他力の信徒が仏法を破滅させると述べているのです。自らも含め、親鸞は浄土を願う人々への信頼を喪失しています（松野純孝『親鸞』）。

かつて親鸞は、専修念仏の教え、他力の教えが未来を切り開くと確信していました。し

かし現実には何が起きているのか。造悪無碍が跳梁して、他力の教えすら汚そうとしています。末法という時代の闇は、他力の教えまでむしばみながら、世界を破滅させようとしているのです。少なくとも親鸞にはそのように映りました。

これまで親鸞は、独特の善人悪人概念を創出して、悪人であることの自覚を求めました。そして、その自覚に欠けた人々を「疑心の善人」と指弾しました。しかしこうした信心の党派的強調が何をもたらしたかといえば、一念多念や有念無念といった信心をめぐる論争と、造悪無碍の跳梁でした。他力門徒の信心にすら、真実がないことを見せつけたのです。実態認識に問題がありますが、親鸞はそのように理解しました。

訴訟落着後と思われる消息で、親鸞は「各々《おのおの》、所々《ところどころ》にわれはということを思ふて争ふこと、ゆめゆめあるべからず候」と述べています（二月三日消息『親鸞聖人御消息集』六）。門徒が「われは」と言い立てて争うことを誡めていますが、この「われは」とは自力の「われは」ではありません。他力信心における「われは」の争いです。私の信心こそが正しい、という時の「われは」です。親鸞はそれを否定した。親鸞は信心を解体しようとしています。

さらに親鸞は、文明開板本の正像末和讃で「是非しらず、邪正もわかぬこの身なり、小慈小悲もなけれども、名利に人師を好むなり」と述べ、自ら自身をも否定した。かつて親鸞は、「行者宿報偈」の夢告を得た時、観音の誓願を伝道することに生涯を懸けようと決意しました。そして実際、自信教人信、自らが信じていることを人々にも伝え布教することを使命としてきました。しかし今や親鸞は、それすら「名利に人師を好む」ものと断じています。世俗的利欲にとらわれて、師匠づらしたいだけだ、と自分を責めています。これは教人信の否定です。

正像の二時は終はりにき、如来の遺弟悲泣せよ

悲嘆し泣いているのは、他でもない。親鸞その人自身です。

考えてみれば、私たちの信心は如来から与えられたものです。親鸞にあっては、信心も弥陀が廻向《えこう》したもの、つまり弥陀が私たちに与えたものです。悪人の自覚という本人の内発的な主体性と、信心を開花させようとする阿弥陀仏の外からの働きかけ、この両者の接点で信心は成立します。

これまで親鸞は、この内発的な主体性を重視して、「末代の衆生」を「疑心の善人」と「他力の悪人」に分けました。そして「疑心の善人」を「七宝の獄」に閉じ込めるという懲罰を科してきました。しかし、そもそもこの世界に、なぜ「疑心の善人」が存在しているのでしょう。阿弥陀仏はなぜ彼らの存在を放置されているのでしょうか。「七宝の獄」

に閉じ込めずとも、弥陀の力で彼らの信心を開花させることはできないのでしょうか。「疑心の善人」とは異なり、「他力の悪人」は内発的な主体性を有しています。しかし果たして「末代の衆生」の内発的主体性に真実はあるのでしょうか。確かに、信心を開花させようとする弥陀の働きかけは真実でしょう。しかし「末代の衆生」に「まこと（誠）なる心」がないのであれば、内発的な自覚にも真実がないことになります。親鸞は信心だけがピュアなものだと考えてきました。でも、末法の世における信心は、はたしてピュアなのでしょうか。むしろ末法の闇は、ピュアな信心すら、どす黒く染め上げてゆくのです。悪人の自覚は虚仮《こけ》ではないか。機の深信は自力ではないのか。そもそも信心や主体性なるものに意味はあるのか……。こうして何もかも、すべてが否定されてゆきます。そしてそのどん底から、やがて絶対他力の世界が現出してきます。

> 他力には、義なきを義とす。（中略）行者の善《よ》からむとも、悪《あ》しからむとも思はぬを、自然《じねん》とは申すとぞ、ききて候。（中略）弥陀仏は自然のやうを知らせむ料なり。この道理を心得つる後には、この自然のことは、つねに沙汰《さた》すべきにはあらざるなり。常に自然を沙汰せば、義なきを義とすといふことは、なほ義のあるになるべし。

最晩年の自然法爾《じねんほうに》消息です。正嘉二年（一二五八）十二月、親鸞八十六歳の口述です。「義なきを義とする、その義すら放棄せよ」と語っています。あらゆる計らいを放棄するだけでなく、計らいを放棄しようとすることすら放棄する、これが自然法爾の世界です。これは単なる自力作善の否定ではありません。自力作善を否定しようとする想い、すなわち他力信心の世界すら放棄しようとしています。それは機の深信の放棄であり、かつまた「疑心の善人」概念の放棄でもあります。そして、すべてを弥陀に委ねる、これが自然法爾の世界です。そこにはもはや「他力の悪人」も、「疑心の善人」も存在しません。

この絶対他力の世界を、親鸞の思想の発展と見るか、それとも挫折と考えるか、研究者の意見は分かれます。でも、これ以上の言及は慎みましょう。その判断は本書を読まれた皆さん一人ひとりに委ねたいと思います。

親鸞も言っています。ここから先は「面々の御はからひ」なのです(『歎異抄』二)。

あとがき

親鸞の伝記研究を進めるうえで、障害となるのは史料の乏しさである。親鸞の著作は比較的よく残っているため、思想分析にさほど不自由はないが、親鸞の事跡となると、確実な手がかりが乏しく不明な点がはなはだ多い。そのため史料的価値の怪しげな文献に、研究者がつい手を出したくなる気持ちも分からないではない。しかし本書では、その誘惑には徹底して禁欲を貫いた。これは歴史学徒としての矜持である。

確実な史料からどこまでのことが究明でき、どこから先が分からないのか、そのギリギリの線を指し示すのが、歴史研究者の仕事だと私は考える。実証の可能性をできるだけ追求し、そのうえで、それでも分からない所は小説家に任せればよいのだし、読者の方一人ひとりの想像力に委ねればよい。史実と伝承を混濁させ、想像の世界にまで立ち入るのは、歴史家としての本分を忘れた僭越な行為であると私は考える。

私は本書のなかで、赤松俊秀氏をはじめ多くの先学に批判的見解を述べた。しかしこうした批判は、これら諸先学に対する私自身の畏敬の表現である。私は赤松氏の著書『親鸞』と意見を異にする点は多いが、しかし氏のこの作品が、実証的親鸞研究の重要な到達点であることは、誰しも異論がなかろう。私は、赤松氏の実証的方法を継承することによって、赤松説を乗り越えることを目指した。今、もしも赤松氏が健在であったなら、氏はもっと遠くまで行かれたのではないか、本書を上梓するに当たって、私の懸念はそこにある。

本書では講演調の文体を採用した。本書のもとになったのは、懐徳堂記念会の市民向け講座や、各地で行った講演である。とはいえ、本書に収録されたような講演を実際に私が行ったわけではない。講演調の文体はあくまで虚構である。

私がこの文体を採用した理由は、表現の自在さにある。この自在さについては前著『親鸞とその時代』でも触れたが、今回、私が特に重要だと感じたのは、叙述における人間的共感の問題である。

一般に私たち歴史研究者が、研究対象に対し好悪の感情を安易に吐露することは、決して好ましいことではない。研究の世界で問われるのは、あくまで客観的な歴史的思想史的な評価であり、私たちはまず何よりも言説や行動の歴史的評価の確立に全力を傾注すべきだろう。しかし法然や親鸞の研究に携わるなかで、私はこのような研究の在り方に飽き足らなさを覚えずにはいられなかった。歴史的人物のあゆみに対しては、客観的な評価とは別に、彼らの言動に対する人間的共感の有無が問われるべきだと考えるからだ。事実、私が法然・親鸞を研究するようになったのは、決して学問のためではない。彼らに対する共感を普遍的な言葉で語りたい、その想いが結果的に研究論文のかたちとなっただけである。であるいじょう以上、私には人間的共感を抜きにして、彼らのあゆみを語ることは不可能なように思えた。

実際、正しいかどうかという客観的基準と、人間的な共感とは必ずしも一致しない。私たちは正しいことに必ずしも共感を覚えず、むしろ躓きや誤りに心ゆさぶられることは珍しいことではない。「間違っているから好きだ」「正しいから嫌いだ」というのは、現実世界で普通に見られる感情である。それだけに、こうした想いをすくい取ることのできない研究論文の平板な文体に、私は限界を感じていた。

それに対し講演の世界では、人間的な共感をごく自然に語ることができる。それゆえ本書では、講演調の文体を採用することにした。つまり、本書における講演調の文体は、単に平易さや読みやすさを狙ったものではなく、人間的共感について語りたいとの想いから生まれたものである。その成否の判断は読者の方、一人ひとりに委ねるしかないが、この文体の採用には私なりのチャレンジが込められている。

本書で示唆したように、晩年の親鸞は思想的に破綻していったと私は考えている。しかし私は、親鸞の破綻にこころ癒やされた鮮烈な体験がある。「造悪このむわが弟子の、邪見放逸さかりにて、末世にわが法破すべしと、蓮華面経に説きたまふ」。「目もみえず候。何事もみな忘れて候うへに、人などに明らかに申すべき身にもあらず候」。一九七五年の秋、私はそう語る親鸞の絶望に涙した。なぜなら私自身が破綻していたからだ。私は破綻する親鸞に自分が重なって見えた。

人には立てない時があるし、立ち上がれない時もある。それでよい。私たちは常に屹立していなければならないわけではない。世界が見えていなければならないわけでもない。私は親鸞の破綻からそのことを学び、そして慰藉された。それゆえ、私は本書においても、破綻する親鸞に一方的な裁断をくだすことは慎んだつもりである。

一般向けの書物という性格を考慮して、史料表記は分かりやすさを心がけた。漢文史料は書き下しにしたし、カタカナやひらがな史料も適宜、仮名・漢字に改めている。この点、ご諒解をいただきたい。なお、本書の母胎となった主な論文は、以下の通りである。

＊「法然の思想構造とその歴史的位置」（拙著『日本中世の社会と仏教』塙書房、一九九二年）
＊「専修念仏の歴史的意義」（同）
＊「建永の法難について」（同）
＊「若き日の親鸞」（『真宗教学研究』二六号、二〇〇五年）
＊「善鸞義絶状と偽作説」（『史敏』三号、二〇〇六年）
＊「親鸞の配流と奏状」（早島有毅編『親鸞門流の世界』法藏館、二〇〇八年）
＊「建永の法難と『教行信証』後序」（『真宗教学研究』三一号、二〇一〇年）

一〇年ほど前に『親鸞とその時代』を書き上げた時、もはや親鸞について語るべきものがほとんど残っていないと私は感じていた。しかし講演などの場で多くの方々の熱心な質問に応えているうちに、私は語り残したことが数多くあることに改めて気づかされた。私を質問攻めにしてくださった人々、そうした方々の熱意がなければ本書は成らなかったろう。

刊行に当たっては、法藏館および同社大山靖子氏にたいへんお世話になった。法藏館には、本書を作りたいとの突然の申し出に快く応えていただいた。また、大山氏には原稿の細部までチェックをしていただいた。お世話になった多くの方にあつくお礼を申し述べたい。

二〇一一年二月

文庫のためのあとがき

『旧著』を刊行して十年が経った。幸いにも『旧著』は、多くの方々に温かく迎えていただいた。『旧著』を公にして後、私は『大系真宗史料　文書記録編1　親鸞と吉水教団』（法藏館、二〇一五年）を刊行して、鎌倉時代の専修念仏の動向とその禁令に関する史料を収集・編纂した。また、中世寺院の法を体系的に捉えた黒田俊雄編『訳注日本史料　寺院法』（集英社、二〇一五年）を中心となってまとめた。さらに、専修念仏に関わる論文集『鎌倉仏教と専修念仏』（法藏館、二〇一七年）を刊行し、一般向けの書として日本史リブレット『法然』（山川出版社、二〇一八年）を発表している。

こうした研究の積み重ねのなかで、次第に『旧著』の不十分なところが目につくようになった。今回、法藏館から文庫化のお話があり、場合によっては改訂版という形にしてもよいとのことであった。そこで急遽、他の仕事を中断して、この改訂作業に没頭した。その結果、本書は大幅な改訂増補となった。

まず、新出史料をもとに第一章の「伯父範綱と大江広元」を書き下ろした。親鸞の出家については、「公名と出家」で九歳の得度が事実であったことを確定する一方、慈円入室については、『旧著』への批判を踏まえて論拠を組み立てなおした。その結果、九歳春の慈円入室説に対しては二点を加えて五点の論拠とし、九歳冬入室説についても、新たに四点を加え計八点の根拠からそれらを否定した。このほか、第三章の「越後流罪と還俗」、第四章の「玉日伝説について」「善鸞の母」、第七章の「親鸞の帰洛」についても新たな論点を提起した。また、松尾剛次氏や末木文美士氏の批判に応える文章を書き加えた（第一章、第六章）。図表は新たに四点を追加し、既存の図表も適宜補訂を加えている。

このほかにも、論拠となるデータを差し替えたり、冗漫な叙述をカットしており、文章表現の修正まで含めれば、補訂はほぼ全編にわたっている。小見出しレベルでいうと、『旧著』のまま再掲したものは一つもない。加筆と削除をならしてみると、『旧著』より一割余りの増頁となったようだ。内容はすべてアップデイトされており、本書は二〇二一年段階の私の見解を示すものと受け取っていただきたい。

私の研究の出発は親鸞である。本書末尾「自然法爾の世界へ」の七割ほどは、私の卒業論文に拠っている。親鸞の挫折と専修念仏への絶望が、私の研究の出発である。そして、この親鸞をきちんと理解したいとの想いが、五〇年近くの間、私の研究を支えつづけてきた。本書は私の研究の出発点を示すとともに、その到達点を指し示すものでもある。異例なほどの加筆・補訂を加えて本書を出し直すのは、本書が私にとって特別な意味合いをもっているからに他ならない。

なお、一般向けの書という性格から、本書では論文や史料の注は最小限に留めている。関心のある方は、拙著『日本中世の社会と仏教』(塙書房、一九九二年)、『鎌倉仏教と専修念仏』の関連論考を参照していただきたい。

本書の刊行に当たっては、法藏館および同社大山靖子氏にたいへんお世話になった。このほか、お世話になった多くの方にあつくお礼を申し述べたい。

二〇二一年八月

平　雅行（たいら　まさゆき）
1951年大阪市に生まれる。1975年京都大学文学部卒業。1981年京都大学大学院博士後期課程研究指導認定退学。博士（文学）。京都橘女子大学文学部助教授を経たのち、関西大学文学部助教授、大阪大学文学部助教授、同教授、同名誉教授、京都先端科学大学人文学部教授、同特任教授を歴任、現在に至る。著書に、『日本中世の社会と仏教』（塙書房）、『親鸞とその時代』（法藏館）、『鎌倉仏教と専修念仏』（法藏館）、『法然』（山川出版社）など多数。

改訂《かいてい》　歴史《れきし》のなかに見《み》る親鸞《しんらん》

二〇二一年一一月一〇日　初版第一刷発行

著　者　平　雅行
発行者　西村明高
発行所　株式会社　法藏館
京都市下京区正面通烏丸東入
郵便番号　六〇〇-八一五三
電話　〇七五-三四三-〇〇三〇（編集）
〇七五-三四三-五六五六（営業）

装幀者　熊谷博人
印刷・製本　中村印刷株式会社

ISBN 978-4-8318-2628-2 C1121

法蔵館文庫既刊より

価格税別

さ-1-1
増補
いざなぎ流　祭文と儀礼
斎藤英喜著
高知県旧物部村に伝わる民間信仰・いざなぎ流。中尾計佐清太夫に密着し、十五年にわたるフィールドワークによってその祭文・神楽・儀礼を解明。
1500円

キ-1-1
老年の豊かさについて
キケロ著
八木誠一
八木綾子訳
老人にはすることがない、体力がない、楽しみがない、死が近い。キケロはこれらの悲観的通念を吹き飛ばす。人々に力を与え、二千年読み継がれてきた名著。
800円

た-1-1
仏性とは何か
高崎直道著
「一切衆生悉有仏性」。はたして、すべての人にほとけになれる本性が具わっているのか。日本仏教に根本的な影響を及ぼした仏性思想を明快に解き明かす。解説＝下田正弘
1200円

さ-2-1
アマテラスの変貌
中世神仏交渉史の視座
佐藤弘夫著
童子・男神・女神へと変貌するアマテラスを手掛かりに中世の民衆が直面していたイデオロギー的呪縛の構造を抉りだし、新たな宗教コスモロジー論の構築を促す。
1200円

て-1-1
正法眼蔵を読む
寺田透著
多数の道元論を世に問い、その思想の核心に迫った著者による「語る言葉（パロール）」と「書く言葉（エクリチュール）」の「講読体書き下ろし」の読解書。解説＝林　好雄
1800円

い-1-1

地獄

石田瑞麿著

古代インドで発祥し、中国を経て、日本へとやってきた「地獄」。その歴史と、対概念として浮上する「極楽」について詳細に論じた恰好の概説書。解説＝末木文美士

1200円

く-1-1

王法と仏法

中世史の構図

黒田俊雄著

強靱な論理力で中世史の構図を一変させ、「武士中心史観」にもとづく中世理解に鋭く修正を迫った黒田史学。その精髄を示す論考を収めた不朽の名著。解説＝平　雅行

1200円

な-1-1

折口信夫の戦後天皇論

中村生雄著

戦後「神」から「人間」となった天皇に、折口信夫はいかなる可能性を見出そうとしていたのか。折口学の深淵へ分け入り、折口理解の新地平を切り拓いた労作。解説＝三浦佑之

1300円

あ-1-1

禅仏教とは何か

秋月龍珉著

仏教の根本義から、臨済宗・曹洞宗の日本禅二大派の思想と実践までを体系的に叙述。難解な内容を、簡潔にわかりやすくあらわした入門書の傑作。解説＝竹村牧男

1100円

ほ-1-1

増補 宗教者ウィトゲンシュタイン

星川啓慈著

ひとつの孤独な魂が、強靱な理性と「神との和解」のはざまで悩みぬく。新発掘の二つの『日記』等をめぐる考察を縦横にもりこんだ、宗教学からの独創的アプローチ！

1000円

ア-1-1·2

評伝 J・G・フレイザー

その生涯と業績　上・下（全二冊）

R・アッカーマン著
小松和彦監修
玉井　暲監訳

大著『金枝篇』で世界に衝撃を与えた人類学者の画期的評伝。研究一筋の風変わりな日常から、出版をめぐる人間模様、悪妻とも評された妻との結婚生活まで。未公開書簡や日記も満載。

各1700円

さ-3-1

ブッダとサンガ
〈初期仏教〉の原像

三枝充悳 著

一人のブッダから多くの仏が生まれたのはなぜか。サンガはどのように成立したのか。仏教の根本問題を論旨明快な叙述で解きほぐす、恰好のインド仏教史入門。解説＝丸井 浩

1100円

し-1-1

ポストモダンの新宗教
現代日本の精神状況の底流

島薗 進 著

一九七〇年代以降に誕生・発展した「新新宗教」の特徴を読み解き、「新新宗教」を日本・世界の宗教状況とリンクさせることで、現代宗教論に一つの展望を与えた画期的試み。

1200円

や-2-1

〈方法〉としての思想史

安丸良夫 著

安丸史学が対峙し、目指したものとは——。自身の研究や経験を回顧した論考・時評等を中心に収め、その思想的格闘の軌跡を示した歴史学徒必読の名著。解説＝谷川 穣

1300円

ア-2-1

英国の仏教発見

フィリップ・C・アーモンド 著
奥山倫明 訳

19世紀の英国人らによる仏教表象を分析し、西洋近代において、仏教が称賛や蔑視を交えながら「創造」されていく過程を、オリエンタリズムと宗教をめぐる観点から解明。

1300円

か-1-2

改訂 祇園祭と戦国京都

河内将芳 著

創作物を通じて戦国期の祇園祭に託された「権力に抵抗する民衆の祭」というイメージは実態に合うものなのか。イメージと史実を比較し、中世都市祭礼・祇園祭の実像に迫る。

1000円

ブ-1-1

儀礼と権力 天皇の明治維新

ジョン・ブリーン著

日本の「近代」創出に天皇がはたした身体的役割とは何か。天皇はいかにして「神話の体現者」となったのか。従来とは異なる儀礼論的アプローチから迫ったユニークな試み。

1300円

も-1-1

梁の武帝

仏教王朝の悲劇

森三樹三郎著

皇帝菩薩と呼ばれた武帝の餓死、王朝の滅亡は、仏教溺信が招いた悲劇だったのか。類い稀な皇帝のドラマチックな生涯とその時代の精神を描出した不朽の傑作。解説＝船山　徹

1000円

む-1-1

天平芸術の工房

武者小路穣著

正倉院や東大寺をはじめとする花やかな天平芸術の創造にたずさわった工人たちの盛衰を明らかにしていくなかで、古代国家の文化の形成基盤の全体像を考察。解説＝山岸公基

1200円

た-3-1

改訂 歴史のなかに見る親鸞

平　雅行著

数少ない確実な史料を緻密に検証することで、歴史研究者として親鸞の事蹟の真偽を究明する一方、民衆の苦難と自らの思想信条とのはざまで悩み苦しむ親鸞の姿をも描きだす。

1100円

す-1-1

東洋の合理思想

末木剛博著

インド仏教、中国仏教、中国古典に形式論理を見いだし、西洋思想とは異なる、非自我的な「楕円思考」を東洋の合理思想の根幹として解明する。野矢茂樹氏の解説も再録。

1200円